示弱的勇氣

【暢銷紀念版】

老子教你
學會
真正的堅強

日本第一
東洋思想家
田口佳史——著

卓惠娟——譯

野人家150

示弱的勇氣

【暢銷紀念版】

老子教你學會真正的堅強

作　　者　田口佳史
譯　　者　卓惠娟

野人文化股份有限公司
社　　長　張瑩瑩
總 編 輯　蔡麗真
責任編輯　鄭淑慧、蔡麗真
專業校對　魏秋綢
行銷企劃　林麗紅
封面設計　莊謹銘
美術設計　洪素貞

出　　版　野人文化股份有限公司
發　　行　遠足文化事業股份有限公司（讀書共和國出版集團）
地址：231新北市新店區民權路108-2號9樓
電話：（02）2218-1417　傳真：（02）8667-1065
電子信箱：service@bookrep.com.tw
網址：www.bookrep.com.tw
郵撥帳號：19504465遠足文化事業股份有限公司
客服專線：0800-221-029
法律顧問　華洋法律事務所　蘇文生律師
印　　製　呈靖彩藝有限公司
初　　版　2016年4月
二版二刷　2023年7月

歡迎團體訂購，另有優惠，請洽業務部（02）22181417分機1124

ISBN 978-986-384-472-3 (平裝)
ISBN 978-986-384-586-7 (EPUB)
ISBN 978-986-384-585-0 (PDF)

國家圖書館出版品預行編目資料

示弱的勇氣：老子教你學會真正的堅強 / 田口佳史著；卓惠娟翻譯．-- 二版．-- 新北市：野人文化出版：遠足文化發行，2021.09
240 面；14.8*21 公分．--（野人家；150）
ISBN 978-986-384-472-3(平裝)

1. 老子 2. 研究考訂

121.317　　109020649

CHOUYAKU ROUSHI NO KOTOBA:"ODAYAKANI" "SHITATAKANI"IKIRU GOKUI by Yoshifumi Taguchi

Original Japanese edition published by Mikasa-Shobo Publishers Co.,Ltd.

This Complex Chinese language edition is published by arrangement with Mikasa-Shobo Publishers Co.,Ltd.,Tokyo in care of Tuttle-Mori Agency,Inc.,Tokyo through Future View Technology Ltd.,Taipei.

野人文化官方網頁　野人文化讀者回函

示弱的勇氣

線上讀者回函專用QR CODE，你的寶貴意見，將是我們進步的最大動力。

競爭激烈的時代，老子教你學會真正的堅強

身在二十一世紀的我們，為什麼要閱讀春秋時代的《老子》？閱讀，需要一個理由或誘因。這部五千多字、距今兩千五百年前的作品，能夠給生活在現代的我們帶來什麼樣的助益？相信這是許多讀者都想知道的。

《老子》（又名《道德經》）相傳是中國春秋時代思想家李耳的著作，根據聯合國教科文組織統計，《老子》是各國翻譯版總發行量僅次於《聖經》的人類文化典籍。之所以有如此歷久彌新的翻譯量、印刷量和閱讀量，根本原因在於它對人類精神世界的恒常思辨、警醒。

其影響之深遠不僅止於東方文化，知名哲學家黑格爾（Georg Wilhelm Friedrich Hegel）、尼采

（Friedrich Wilhelm Nietzsche）、海德格（Martin Heidegger）均對老子十分推崇；二十世紀最偉大的物理學家愛因斯坦（Albert Einstein）的書架上僅有的幾本書，其中一本就是《老子》的德文譯本。一九八七年《紐約時報》（New York Times）更是評選老子為古今十大作家之首。就連國際知名導演李安執導的電影《臥虎藏龍》中，也可以看到老子哲學的深刻影響。由此可知，《老子》的內容並不隨著時代變遷而過時，反而在經歷時空的考驗之後，更顯出其智慧的深遠與永恆。

那麼，再次回到開頭的問題：

身在二十一世紀的我們，為什麼要閱讀春秋時代的《老子》？

現代人能夠從《老子》學習到什麼呢？

生在這個劇烈競爭的社會，身處急湍的資訊洪流，周遭資訊在在煽動著欲望，每天都有不同聲音告訴我們：不能輸在起跑點上、要比別人有錢、要贏過別人、要過比別人更富裕的生活、要成為眾人艷羨的大人物……「強大」，成為人類社會苦苦追尋的生存目標。社會的浮躁衝動，個人主義盛行，短視與功利主義氾濫，都是一味要強惹的禍。人們為了虛榮而勉強自己追求私利私欲，但曾幾何時，我們追求的是別人的夢想，滿足的是別人的渴望，卻只換來滿臉滄桑與疲憊的身心，自己一點也不開心……人人都在想，是否有辦法改變這樣的現狀呢？

面對這樣的社會風氣，老子給予現代人的建言是：「柔弱勝剛強。」

老子說：「堅強者死之徒，柔弱者生之徒。」（堅強是死亡之路，柔弱是生命之路。）**一味追求變強，不可能成為「真正堅強的人」。這樣的人往往被既定成見與我執束縛，難以變通，導致身心僵硬，缺乏靈活應對時代或情勢變化的彈性，這也就是「剛強易折」的道理。**

但是，表現「柔弱」為何能讓人學會真正的堅強？在此必須就老子的「柔弱哲學」進一步解釋。老子說：「上善若水。」（上善之人的德行像水一樣。）水是最柔弱的，處萬物之下，卻無堅不摧，無所不至。**強者，不以示弱為恥。柔軟的身段、思考、態度，往往能造就一個人真正的強韌。真正的強者，其思維柔軟，從不自我設限，也不墨守成規，能以最柔軟謙卑的身段與虛懷若谷的胸懷待人接物，擁有順應各種變化的行動力與判斷力，他們不被世俗追求的欲望誘惑，善守自己真心想追求的夢想與信念。像這樣大器的人，在任何時代都能生存。**

老子的思想對於今天的我們，仍是非常適用的哲學。本書作者田口佳史也是《老子》的受益人之一。二十五歲那年於曼谷市郊外身受重傷。在生死交關之際，邂逅了《老子》。之後，奇蹟似生還。自此以後，他專注研究中國傳統思想四十餘年，成為日本第一東洋思想家。擅長以淺顯易懂的平實文字，用現代人能理解的方式，超譯詮釋古籍經典的精妙思想。同時，他也是擁有三十年實戰經驗的知名企業顧問，曾協助兩千多家公司企業改造，指導一萬多名社會人士成為職場贏家。而他在日本知名學府慶應大學開設的「老子」「論語」課程，更是學生們爭相搶修的人氣課程。

他將五千多字的《老子》精煉為最足以滋養現代人的六堂心靈成長課，本書內容可細分為四十六則〈人生智慧〉，鼓勵我們「用心體驗生活的每一刻」，提醒我們「丟掉妨礙心靈自由的包袱」，教導我們「以柔克剛的彈性思維」，傳授我們「與欲望和諧共處的方法」，提點我們「吃虧就是佔便宜的智慧」，提醒我們「謙虛寡言的美德」，勉勵我們「強者，不以示弱為恥的道理」。

《示弱的勇氣：老子教你學會真正的堅強》堪稱最適合現代人的生存指南。相信本書作者對《老子》的全新詮釋能夠幫助你擁有超強抗壓力、消除干擾人生的欲望、活得更舒心自在、學會真正的堅強、成為更大器的人，從而活出從容、淡定和美好詩意。

野人文化編輯部

目錄

《第一堂課》道可道，非常道。

真正堅強的人，總是「用心體驗生活的每一刻」

老子告訴我們，人生猶如一場旅程，快樂、痛苦、悲傷皆是沿途的風景。旅程中發生的一切，只要我們全面接受它、全心去體驗它，就能捨棄多餘的欲望，致力於創造美好事物，體會生命的甘美滋味。

《第二堂課》含德之厚者，比於赤子。

真正堅強的人，懂得「丟掉妨礙心靈自由的包袱」

老子認為，嬰兒正是「道德」的最佳體現，他們無欲無求，充滿蓬勃生機，因此人人喜愛他，沒有人會傷害他。只要直視自己的天賦與個性，全力以赴做該做的事，自能成就人格，創造獨一無二的魅力。

《第三堂課》柔弱勝剛強。

真正堅強的人，擁有「以柔克剛的彈性思維」

老子認為，剛強易折，柔韌才是長久生存之道。真正堅強的人，擁有柔軟的思考與身段，總是能從容地面對問題，默默地累積實力，這樣的人往往謙虛少言，一旦開口說話必定很有分量，因為周遭的人每個都發自內心地信服於他。

《第四堂課》治人事天，莫若嗇。

真正堅強的人，熟知「與欲望和諧共處的方法」

老子提醒我們，世間充斥著煽動欲望的資訊，為了虛榮而勉強自己追求私利私欲，將遭到世間孤立。懂得節制欲望，才能追求自己「真正渴望」的事情，以堅定的信念，成就大事並為自己贏得人望。

【第五堂課】禍兮福之所倚，福兮禍之所伏。

真正堅強的人，通達「吃虧就是佔便宜的智慧」

老子認為，任何事物都有正反兩面，「福禍相依」是天道運行的規則，凡事過猶不及都不好。身處上位時謙虛低調，身處谷底時不自怨自艾，寵辱不驚的態度，讓你以平常心面對成敗，贏得眾人的尊敬。

《第六堂課》

古之善為道者，微妙玄通，深不可識。

真正堅強的人，力行「謙虛寡言的美德」

老子眼中的「領導者」，謙虛、謹慎、低調、寡言、穩重。他們的目標不是自我成就的彰顯，而是企業與組織的永續經營，所以他們退居幕後，為員工打造可以安心大展身手的環境，在他們的管理下，企業充滿蓬勃活力，堪稱「幸福企業」。

【第七堂課】上善若水。

真正堅強的人，謹記「強者，不以示弱為恥的道理」

老子教我們向水學習：水是世間最柔弱的，卻無堅不摧。強者，不以表現自己的軟弱為恥。柔軟的身段、思考、態度，往往能造就一個人真正的強韌。一流的大人物，擅長配合他人、傾聽他人，無論對方是什麼樣的人，都能從中汲取滋養自身的養分。

【前言】

當你渴望改變人生，就去問「老子」吧！

直指社會運作法則的本質，現代人最迫切需要的生存指南

《老子》是距今約兩千五百年前的經典。

能夠歷經如此長久的歲月仍廣為後代流傳，就證明它具備了相當的理由及魅力。

事實上，《老子》被認為是「期望尋求改變時的最高指導原則」。

像是「希望轉換一下心境」「希望人生能煥然一新」，或是「希望讓社會呈現嶄新氣象」……等，人們時常萌生想要轉換、革新某些事物，讓生活或人生更加美好的念頭，期望讓社會或國家有新的轉變、歷史能有新的進展。

但實際上，「改變」不是一件簡單的事。

光是改變每天的生活習慣，就是件困難的事。回想過去的自身經驗，你應該更能體會這個

道理。即使想要每天早點起床念書、改變上下班路線以轉換心情，只要稍微忙碌一點，或是發生什麼令人煩心的事，就會立刻挫折氣餒。

抑或者，原本企圖往好的方向尋求改變，卻造成自己及周遭的混亂；或是雖然想革新某件事物讓它變得更好，卻反而弄巧成拙比過去的狀況更糟。類似的這樣的事情，可說不勝枚舉。

這樣的時刻，正是歷經時代千錘百鍊的資深顧問《老子》登場的最佳時機。

作為最實用的人生指南，老子給你的建議，重點如下：

當你想致力於某件事時，老子首先會確認你當下的心理狀態——

「等一等！

就你的實力而言，你所設定的目標或收穫，是不是有點好高騖遠？會不會太貪心了點？

而且，你想這麼做的動機，是希望向同儕誇耀？還是存心在他人面前耍帥？是否出於這類不良的動機呢？」

接著，當你正在進行某件事時，老子會提醒你——

「不是任何事都只要埋頭苦幹就會成功，努力過頭反而會壞事唷！」

即使與一般大眾的意見相反，他也會依據真理，確實提出忠告。

而當你完成某件事時，他則會嚴厲地提醒你——

「別總是留戀於過去的成功經驗！這樣簡直乏味透頂，就像『再三回沖以致淡而無味的茶』。早早迎向下一個挑戰，好好享受你的人生吧！」

儒家和道家雖同屬中國傳統思想，兩者的思想卻南轅北轍。

例如，儒家的名作《論語》，對於想要維持現狀，希望持續保持長期穩定狀態的人而言，是最能有所助益的指南。

因為《論語》是站在社會內部的角度觀察社會。所以，《論語》指導的是人們想建立更好的人際關係時必須注意的要點。

相反的，**《老子》則是站在社會外圍觀察社會。其中的陳述是由宇宙鳥瞰地球的觀點。由於它極度客觀且全面地觀察人類或人類社會，所以《老子》往往能夠切中事物的本質。**

因此，當我們意圖尋求改變或轉換時，《老子》能夠從客觀且全面的角度，給予我們最中肯的建議。

一般認為，現代社會正面臨「大轉換期」。我們必須面對和明治維新時期同等程度的劇烈轉換及變化。

留心回想，我們的周遭豈不是已發生許多和以往截然不同的變化嗎？

「不知為什麼，以往沒問題的方法，近來卻行不通了。」

「以往水乳交融的關係，曾幾何時竟然惡化了。」

「從前不曾有過的全新競爭對手，接二連三地出現。」

「出現始料未及的商業模式，整個業界和以前截然不同。」

諸如此類，以上這些都可說是「大轉換期」特有的、最明顯的現象。

因此，**現代人更迫切需要的，正是「尋求改變時的指南」——《老子》。當你渴望改變人生，就去問「老子」吧！**

老子在他的著作中，詳細解說了創造宇宙根源、世間萬物（也包括我和你在內）的「道」。「道」的中文讀音是「TAO」，因此，道家思想在英文中被稱為「Taoism」。

老子之所以講述「道」，原因在於「道」創造了宇宙萬事萬物，是這個世界運轉能量的根源。世間的一切，任何事物都離不開「道」。

因此，這一切根源的「道」所闡述的生存方式及實踐方法，才是最合理的。換句話說，**「道」教導的是世上的真理，所以依照「道」去生活、於生活中實踐，原本就是最佳的生存原則**。

這就是老子的基本思想。

「把道的樣子，作為自己應有的樣子」，就是《老子》講述內容的根本。

我在二十五歲那年，於泰國曼谷市郊的農田，被兩頭巨大的水牛牛角刺穿，身受重傷性命垂危。當時孤單的住院生活中，一位住在泰國的日本人給了我一本書。

那就是我和老子初次的邂逅。

後來的五十多年間，《老子》從未離開過我身邊，可以說是我片刻不離手的一本書。

而且，老子所講述的「道」，正有如故鄉的母親那般，在我人生的道路上，常伴我左右。

「與道同行」的經驗越深，我越覺得不該一人獨享如此深遠而實用智慧而決定出版本書。

期盼藉由本書，能夠讓更多人理解、實踐老子所說的「道」，每個人都能藉此實現「愉快的人生」，這將是我無上的喜悅。

田口佳史

道可道，非常道。

【第一堂課】

真正堅強的人，總是「用心體驗生活的每一刻」

老子告訴我們，人生猶如一場旅程，快樂、痛苦、悲傷皆是沿途的風景。旅程中發生的一切，只要我們全面接受它、全心去體驗它，就能捨棄多餘的欲望，致力創造美好事物，體會生命的甘美滋味。

道可道，非常道。〈體道第一〉

有實力的強者，是拋開「說理」，重視「體驗」的人

任何事不要光用言語去理解。重要的是親眼去看；親耳去聽；用鼻子去聞；用舌頭品嘗；用手實際觸摸，體會實際的感受。真正的強者，指的是能親身去感受、體會「道」的人。不是以言語去「理解」，而是透過經驗去「體會」，這才是最重要。唯有這樣才能夠培養真正的「實力」。

老子說：「道是不能言說的，能用文字語言表達的道，已非那個真實、永恆之道。」

真正重要的道理，無法光靠言語去理解

這是老子《道德經》開頭的第一句話。老子一開始就反對以言語去說明「道」。他是這麼說的——**「任何事不要企圖光用言語去理解。最重要的是親眼去看；親耳去聽；用你的鼻子去聞；用你的舌頭品嘗；用你的手實際觸摸，體會實際的感受。」**

比方說，對於一個連保特瓶裝茶都沒看過、完全不知茶為何物的人，你要如何用言語去說明，讓他理解那是什麼樣的東西呢？

這應該不可能吧？沒有實際去觀察實物，撫摸觸感，打開瓶蓋，聞一聞氣味，嘗嘗味道，親自體驗，根本無法理解究竟是什麼樣的東西。

有關「道」實際的「本質」，〈贊玄第十四〉是這麼說的：

視之不見，名曰夷，聽之不聞，名曰希，摶之不得，名曰微。此三者，不可致詰，故混而為一。（用眼睛看不到的，叫做「夷」；用耳朵聽不到的，叫做「希」；用手抓不到的，叫做「微」。「夷、希、微」三者不能探究道的玄奧，故混稱「道」為「一」也。）

這段話的意義在於告訴我們：**不能只因為「道」看不到、聽不見也抓不住，就想以頭腦去理解，還是必須親自去體會。**

這麼一說明，你是否發現：我們必須重視的人心或愛情，具體來說是何物呢？其實也和「道」一樣，是看不到、聽不見也抓不住的東西。

現今的風潮傾向講求邏輯，任何事都滿口歪理的人往往被視作聰明人，老子卻斬釘截鐵地表示「這是錯的」。他認為「這樣的理解方式，反而會遠離正確的理解，重要的是去實際感受、體會。」

真正的強者，指的是能親身去實際感受、體會「道」的人。不是以言語去「理解」，透過經驗去「體會」才是最重要的。唯有這樣才能真正培養你的「實力」。

有物混成，先天地生。寂兮寥兮，獨立而不改，周行而不殆，可以為天下母。
〈象元第二十五〉

人生猶如一場旅行，用心體驗生活，就能愉快走到終點

一切眾生萬物皆從「道」而生，並回歸於「道」。向養育天下的母親——「道」，學習生存方法的範本是自然合理的。活在這個世上，就像是經歷一場名為「人生」的旅程。任何事都去體驗，接受所有發生的事，對於未來就會更加興奮期待，湧起一股積極活下去的欲望。

老子說：「有一個渾然一體的東西，它在天地形成之前早已存在。它既沒聲音，也沒有形體，卻超然於萬物之上永久不變，無時無刻不在運行而永不停止。它對萬物的孕育之功，可比為萬物之母。」

快樂、痛苦、悲傷都是人生的風景，凡事都試著去體驗

我們平時並不會去在意「何謂萬物的根源」。但是，根源確實「存在」。否則，什麼都無法產生，也就等於否定了一切萬物的存在。

老莊思想把這個「看不見、聽不到、摸不著，但確實能感覺其存在的萬物根源」，命名為「道」。並且進一步闡釋：

字之曰道，強為之名，曰大。大曰逝，逝曰遠，遠曰反。（我不知道它的名字，就稱之為「道」吧！勉強形容它的形狀，可說是廣大無邊，廣大無邊就運行不息，運行不息就無遠不到，無遠不到就歸本還原，又返回到寂寥虛無。）

這句話也意味著老子的「生死觀」。在〈貴生第五十〉當中，老子說「出生入死」。即指人類出生於「道」，然後遠離「道」而走在人生道路上，最後又折返，回歸於「道」，也就是死亡。

我們活在這個世上，就像是經歷一場名為「人生」的旅程。**不論快樂、痛苦、悲傷、驚**

奇等，任何事都去體驗，接受所有發生的事。如能抱著這樣的想法，對於未來也會更加興奮期待，湧起一股積極活下去的欲望。然後當愉快的旅程走到終點，就像回到故鄉的家一般。任何一個人都不免一死，在結束人生後回歸同一個故鄉——「道」。

這麼一想的話，對於死亡的恐懼是否也降低了呢？

我還記得當我面臨生死攸關之際，讀了老子這段話，心情頓時感到輕鬆不少。**我們只要以享受旅程般的心情活出自己的人生就夠了。那些讓內心煩躁的事情，全都當作多餘的包袱丟個一乾二淨吧！**

順應道的生活方式，你將取得人生的平衡

我們常使用「因果報應」這個詞。老子在〈任成第三十四〉也曾說明過因果報應。

大道泛兮，其可左右。萬物恃之以生而不辭，功成而不名有。衣養萬物而不為主。（大道廣漠無邊，不分左右，無遠不到，無所不至。萬物靠它生長，它卻默無一言；它成就萬物，卻不居功；養育萬物，卻不主宰它們。）

「道」即使不言說自己做了什麼、有什麼貢獻，依然是偉大且永恆的存在。為什麼我們可以知道貫徹無言的「道」非常偉大，那都是因為因果報應正是「道」的業報。

將這段話做更進一步的詮釋，老子提醒我們必須銘記一件事——相信「道」的生存方式。一旦懷疑「道」的存在或功能，就無法獲得好的果報。

也許有人會提出疑問：「即使你這麼說，既然『道』肉眼看不到，我又怎麼相信它是否真的存在？」

對於這麼想的人，我想反問：

「當你搭乘飛往紐約的飛機，在整段航程中，你會一直擔心『我不敢信任駕駛……』或『等一下會不會墜機？』嗎？」

應該沒有人會回答「會」吧。既然連飛機這麼危險的交通工具你都能放心搭乘，為什麼無法信任宇宙的根源「道」呢？相信「道」而活吧，它比金銀財寶更值得你信任。

事實上，我自三十五歲以後，長達四十多年來都和「道」一起並肩同行，切身體會到再也沒有比「道」更值得信任的事物。每當遇到困難，就像打電話給故鄉的母親訴苦那般，我也會與「道」交談，並再三從它那邊獲得協助。

各位是否也時常有「事情碰巧很順利」，或是「碰巧有很棒的邂逅」這樣的體驗呢？**這些**

035 順應道的生活方式，你將取得人生的平衡。

「碰巧的幸運」，全都是「道」在全力以赴而渾然忘我的人身上引起的「必然」。換句話說，「道」有彌補不足，去除多餘，取得人生平衡的作用。因此我才要再三強調，請大家相信「道」活下去吧！

谷神不死，是謂玄牝。玄牝之門，是謂天地根。緜緜若存，用之不勤。
〈成象第六〉

只論輸贏，是欲望的奴隸；致力「創造」，才是人生的主人

「道」的最大使命是不斷地孕育眾生萬物。人類也應該向道學習，無論是工作或每天活動，都必須以「創造」為核心。一旦能創造出好的東西，利益只是隨之而來的結果。

老子說：「虛谷的神生生不已，其創生之力神奇莫測。其生化之門，是天地始生萬物的根本。它雖幽微，創生能力卻綿綿不絕，它雖沒有形體，卻確實存在。它的創生作用，真是無窮無盡，穩定一貫，永恆持久。」

資本主義經濟的基礎是創造，利益只是隨之而來的結果

《老子》全篇中對於生育子女的女性，始終抱持敬畏之心。「谷神」指的是山谷間幽深的泉水，源源不絕讓水湧出的神，也就是所謂的「道」。在這裡，「道」意味著女性創造出眾生萬物的性器。

假設這個天地之母——「道」，其最大使命是永無止息地孕育眾生萬物。那麼，我們人類一定要以此為範本而學習。換句話說，無論是工作或每天活動，都必須以「創造」為核心。

現代人一味地追求業績，令人聯想到資本主義下只顧著競爭所引起的悲劇。越想在競爭中求勝，欲望就越深。

但是，追求業績往往讓我們忘了更重要的事。

各位試著想想，業績的根本應該是什麼？

以出版社來說，出版書籍時思考的應該是如何做出「讀者想看，樂意購買」的書籍對吧？這無疑就是創造活動。不論任何行業都是相同的。

建構日本近代經濟基礎的澀澤榮一[1]曾經說過：「**不講道德的經濟不是經濟；不講經濟的道德不是道德。**」

他所說的「道德」，也就是透過秩序的形成與創造性的活動，產生新的價值，這個詞彙衍生自《老子》的正式書名《老子道德經》，是猶如「道」一般的思考。

總之，**形成資本主義經濟基礎的是創造。我們不應先著眼於利益，而是先致力於「創造出好的東西」。利益只是隨之而來的結果。**

也就是說，我們絕不能忘了這一點：在創造的使命前，沒有私利私欲進入的餘地。

1（1840年～1931年）是幕末至大正初期活躍的日本武士（幕臣）、實業家。設立第一國立銀行、東京證券交易所等多種企業，有日本資本主義之父之稱。

執大象，天下往。往而不害，安平泰。〈仁德第三十五〉

貪欲是煩惱的源頭，白開水般的平凡，才是最難得的幸福

相信「道」的人知道「最平凡的事，就是最值得感謝的事」。他們知道隨著欲望起伏將導致一個人的身心嚴重失衡，所以不會隨著競爭社會起舞，不與人發生任何糾紛，一切都能平安順遂。

老子說：「把握生生不已的大道，可與天下萬物共生發展。在發展的過程中，沒有貪欲的阻礙，便能和天下萬物安處於平靜康泰的和諧之境。」

隨時保持內心的清靜，就能不被外在事物影響

「執大象，天下往。往而不害，安平泰。」這段話告訴我們一個很重要的道理——「最平凡的事，就是最值得感謝的事」。

平時，我們不覺得「最平凡的事」有什麼值得感謝。不過，一旦遭遇巨大的災難、吃了不少苦頭、挨餓、疾病纏身時，你又會如何呢？此時，想必任何人都會覺得「平凡就是福」吧。

那麼，何謂「平凡」呢？

以老莊思想來說，指的是「起起伏伏的人生並不好，沒有任何變化，每天平淡過日才是最好的」。

不過，老子並非要你遠離塵囂，到深山隱居。這正是老莊思想中最容易遭到誤解的地方。這樣的解釋不僅偏離了本質，有時甚至會成為過度激烈的危險人生觀。為了解開這部分的誤會，我總是會用以下這句話來說明。

那就是「市中山居」。

居住在喧囂的都市，在競爭社會的波瀾起伏中生存，卻能保持猶如在深山隱居般清閒安適的心情，只要能做到這一點，就能猶如水那般淡淡地委身於塵世中，讓「老莊思想的生存方

式」成為自己的一部分。

即使發生嚴重的問題，只要把心「瞬間移動」到深山的草庵裡，將心擴展至浩瀚無垠的宇宙，問題對你而言就不再是問題，內心也不會因此產生動搖。你將會開始體會到「平凡就是福」的道理。

年輕時雖然覺得很難，只要加以訓練，隨著年齡增長，讓自己享有「市中山居」的時光逐漸增加即可。

別擔心，相信「道」生存下去，最後你終將抵達那樣的境界。

含德之厚者，比於赤子。

【第二堂課】

真正堅強的人，懂得「丟掉妨礙心靈自由的包袱」

老子認為，嬰兒正是「道德」的最佳體現，
他們無欲無求，充滿蓬勃生機，因此人人喜愛他，沒有人會傷害他。
只要直視自己的天賦與個性，全力以赴做該做的事，
自能成就人格，創造獨一無二的魅力。

含德之厚。比於赤子。〈玄符第五十五〉

拋開浮華、偏見、虛榮等「人生的包袱」吧！無欲無求，才能擁有最純粹的生存能量

嬰兒有一顆純粹無垢的心，他們充滿了生存的能量。但人們在成長的過程中，往往受到私利私欲等「俗世的阻礙」，束縛住自己。偶爾丟掉這些「包袱」，重回嬰兒的狀態，思考自己的人生是非常重要的。

老子說：「內含德行最深厚的人，可以和天真無邪的嬰兒相比。」

多多體驗感動的瞬間，將喚醒你純粹的生命力

有關嬰兒的厲害之處，老子是這麼說的。

蜂蠆虺蛇弗螫，攫鳥猛獸弗搏。骨弱筋柔而握固，未知牝牡之合而朘作，精之至也。終日嚎而不嗄，和之至也。（由於嬰兒無欲無求，毒蟲不來螫他，猛獸、鷙鳥不傷害他；他的筋骨柔弱，但力量強大到一抓住東西就緊緊不放；雖然他還不懂男歡女愛，卻充滿精力，天生自然地勃起；他即使終日號哭，聲音也不致因而嘶啞。能夠充滿這樣強韌的生存能量，正是因為嬰兒純粹無垢的赤子之心。）

經老子這麼一說，你是否也不禁頷首同意：「嗯，原來如此，確實有道理。」

我們帶著一顆純粹無垢的心來到世上，卻隨著成長，為心靈揹上各種「包袱」。因為在意周圍的眼光而逞強；或是受到欲望驅使，貪求「越多越好」的財富或名聲；或是追求豪奢享受，與人爭奪；被「俗世的束縛」綁住，去做並非出於本意的事。

我們在不知不覺中，漸漸遠離原本持有的純粹無垢之心。

如果說這是「長大成人」的必經過程，或許的確難以避免。然而，若因此而把「包袱」一個個揹在身上，實在不是件好事。

打個比方，就跟身上同時穿了好幾件洋裝時，反而難以行動自如是同樣的道理。充滿矯飾的人生，是不可能順利的。

重要的是，察覺自己正揹著「虛飾」的「包袱」。然後，偶爾刻意將這些「包袱」丟掉。

那麼，怎樣做才能丟掉「包袱」呢？

盡可能多去擁有感動的瞬間吧！例如，多去接觸繪畫、音樂或風景。或是透過戲曲、故事，接觸人性中的美好之處。在神明桌或祖先牌位前雙手合十祝禱，讓內心充滿感謝。可能的話，坐禪也是一個好方法，能夠讓你打起精神，心靈彷彿受到洗滌那般清爽。

像這樣多多體驗感動的瞬間，能讓你的心靈變得更純粹。請你偶爾試著反璞歸真，重返嬰兒時期，取回純粹無垢的心與自由吧！

名可名，非常名。無名，天地之始，有名，萬物之母。〈體道第一〉

認清人的魅力來自其人格，比起外在的頭銜和名聲，更重視內在涵養

世人傾向根據一個人的頭銜或名聲來評價他，但是這些往往和對方「是否值得尊敬」無關。不應以一個人的頭銜有多氣派，或是其名聲是否舉世聞名來評價他。包括你自己在內，人們不應該依賴頭銜或名聲，而是該以天生「最真實的原貌」活下去才是。

老子說：「名是一種稱謂，能用名詞稱謂的物體，已非那個物體的真實、永恆之名。天地在開始時並無名稱，名只是為了萬物的歸屬。」

頭銜和名聲無法表現一個人的人格

名字原本就是為了區別天地間存在的萬事萬物，而暫時命名的名稱。換句話說，**名字本身並不具備實質的內容**。

更別說頭銜或名聲，根本是有名無實的虛名，並無法表現一個人的人格。

不僅是社會，人們往往會以「因為他是社長所以很了不起」、「因為是大學教授所以很優秀」、「因為他很有名所以很傑出」……等，來評價一個人。但這些虛名其實和對方是否是個「值得尊敬的人物」完全無關。

以周遭的例子來說，當你拜訪某家公司時，你是否認為比起由課長接待，由部長接待更讓你覺得受到重視？而由社長接待又比部長接待更讓你覺得受到尊重？

但是，這樣的想法其實大錯特錯。即使不是管理階層出面，依據洽談內容，由最熟知業務內容的人來應對，不是更值得慶幸嗎？

或是，換個例子來想，當一個不論資歷、頭銜或容貌都無可挑剔的人出現在你面前時，你是否自然而然地會浮現「真想和這樣的人結婚」的想法？

然而，如果你並非發自內心覺得那個人的內在有任何魅力，即使真的跟他結婚，兩人的婚姻生活想必也很難長久吧？

因此，**觀察一個人時，重要的是應當拋開那個人的公司名稱、畢業於哪一所學校、家世或頭銜，甚至姓名，直視那個人「最真實的模樣」**。

舉例來說，當你和人接觸時，眼中看的是那個人的什麼地方呢？實際上跟他交談時覺得愉快嗎？他有什麼地方令你尊敬呢？他在工作上誠實嗎？他很重視他的家庭嗎？……對方應該有一些能夠吸引你的特質。

請你把它找出來。

這麼做才能讓你了解那個人的本質。

當然，對自己的要求也是相同的。光是被頭銜、名聲所迷惑，卻疏忽了內在涵養，永遠無法成為一個有魅力的人。

為了避免掉入「虛名的圈套」，觀察某個人、或是評價自我時，請將目光放在那個人的內在特質，去感覺對方「最真實的面貌」，這是非常重要的一件事。

知不知，上；不知知，病。〈知病第七十一〉

知識不是用來累積的，唯有親身實踐，才能內化為才華

你是否自認腦袋裡裝滿了大量知識及資訊，不論什麼都知道？其實這是非常嚴重的誤會。最糟糕的是根本近乎無知，卻故意不懂裝懂，這樣就只能說是「病入膏肓」了。唯一稱得上真正了解的人，明白「道」無法用言語說明，是必須靠自身實踐「無為自然」才能體會的真理。

老子說：「能知道自己無所知，此乃最上乘的境界。相反的，不知道自己無所知，卻以為自己『知』，這就是一種毛病。」

自以為了解人生的人，其實才是最不懂人生的人

長久以來，人類社會始終處在一個偏重知識的時代。而網路社會的演進，大量資訊迅速流通，更使得這個傾向雪上加霜，人們光說不練的傾向似乎更加嚴重。老子似乎早已預見了這樣的問題，說道：

「是否具備知識？是否知道某件事？這些根本沒有價值。正因為『知識越豐富的人越偉大』這種莫名其妙的價值觀，才會出現不懂裝懂的人，這些人都病了。」

老子說這是一種「病」，可說是極為辛辣的批評。

如果把這個論點和儒家的想法相比，你會發現很有意思。

《論語》中有句名言：「知之為知之，不知為不知，是知也。」這句話講白了就是「知道的事和不知道的事應當截然分明。」

但是，老子對於孔子所說的「知道」，卻表示「那只是自以為懂，其實什麼也不懂」。或許多數人都會認為「比起老子，孔子說的比較淺顯易懂。話說回來，擁有大量知識究竟犯了什麼錯？」

你是否也有同樣的疑問呢？讓老子來說的話，他或許還會表示「『淺顯易懂』這句話本

身，就是判斷錯誤。」

老子認為要求知識淺顯易懂與否並不重要，因為「**人生在世若是連最重要的真理都不知道，擁有再多的知識也沒用**」。

根據老莊思想，知識只不過是讓自己看起來顯得很聰明的裝飾品。

希望各位把這個觀點當作「逆耳忠言」，重新檢視生存的真理。

天下皆知美之為美，斯惡已；皆知善之為善，斯不善已。〈養身第二〉

時時在意自己缺乏的特質，不如直視原本擁有的天賦和個性

世上沒有任何一個人和他人是相同的。上天賦予了每一個人不同的天賦與個性。與他人比較根本沒有意義。因此，我們應該不要再和他人比較，因而感到沮喪挫折，或是得意揚揚。直接觀察自己的天賦是什麼？個性是什麼？然後加以靈活運用吧！

老子說：「當天下的人都知道美是美好的，如此，好惡之心便產生了。當天下的人都知道善是大家讚美的善德，如此，偽善之行便因之而起了。」

以相對評價來論斷哪個有價值，根本毫無意義

人從出生的那一刻，就生活在一個比較的社會，因此總是和他人相比來衡量自己的優劣；與其他事物相比以衡量事物的價值，似乎成了理所當然的一件事。

但這其實是錯的。老子接下來又說：

故有無相生，難易相成，長短相形，高下相傾，音聲相和，前後相隨。

（天底下的事物觀念，「有」和「無」是相對而產生，「難」和「易」是相對而形成，「長」和「短」是相對而顯出，「高」和「下」是相對而顯現，「音」和「聲」是相對而應和，「前」和「後」是相對而成序。）

以相對評價來論斷人或事物哪個比較有價值，根本沒有意義。

例如，當你說「薪水太低」時，一和薪資更低的人相比，你就成了薪資高的一方。

相對評價的結果，豈不是令思考變得不自由？豈不是看不見事物的本質，使見解變得貧乏？我們不能不注意這一點。

重要的是以絕對的個性來觀察事物。

以人生來說，必須看清自己本身的天賦及個性是什麼，然後加以運用。這樣比追求自己並未擁有的特質，更容易將事物往有利的方向推動，活得更為自在。

找到自己的天賦、個性，就能邁向愉快的人生

世界上沒有任何一個人和他人是相同的。「道」確實賦予了每一個人不同的天賦、個性，然後才讓他們誕生到這個世界。所以我們有必要探究自己具備了什麼樣的天性。

話雖如此，完全耗費在比較社會中的人，往往很難了解自己的天賦及個性。

這時候不妨問問兄弟姊妹、朋友或情人等親近的人，什麼事情你做得最好？你做什麼事情時看起來最神采奕奕？因為這些通常都吻合你的天性。

我是在將近五十歲之際，才終於確定自己的生存方式。

過去我一直認為自己是「推動組織」的人。我覺得那應該是我的天性。因為我成立了公司，雇用了許多員工，生意也經營得有聲有色。

但是，其實那是相當逞強才能得到的結果。為了讓公司看起來氣派，我租用了昂貴的辦公

室；為了雇用傑出的人才，我砸下龐大資金挖角，支付高額的薪水……。

總之我什麼事都想做得風風光光，但即使營業額再高，手頭卻相當拮据。不知不覺中，我開始納悶自己為了什麼而工作，漸漸感到人生充滿痛苦。後來，大約是在四十八歲左右吧，我開始思考這樣的工作是否不適合自己。

因此，我問母親究竟自己是個什麼樣的孩子，結果，母親告訴我：

「嗯，你和一般小孩不太一樣，以前不太好動。可能和你體弱多病有關。我記得你時常蹲在院子裡，一直盯著院子裡的小草，或是出神地看著天空喔。」

母親這番話令我想通了。我之所以能在書桌前閱讀中國古典經籍讀得津津有味，正是因為符合自己的天性。而且，我其實並不具備運籌帷幄的經營能力，我更擅長的是提供經營者建議。

於是在五十歲那年，我暫時結束了公司的經營。大幅縮小規模後再重新出發。這一回，我把從中國古典經籍學到的心得與經營者分享，以提供建議的方式來經營我的公司。

我愉快的人生就是從這個時候開始。**直視自己的天賦、個性，就能讓人生起一百八十度的轉變，邁向愉悅人生。**

是以聖人處無為之事，行不言之教，萬物作焉而不辭；生而不有，為而不恃，功成而弗居；夫唯弗居，是以不去。〈養身第二〉

不執著社會認定的「成功」，以「興趣」作為生存的武器

一味追求世間認定的成功，隨著成敗一喜一憂，久而久之，挑戰新事物的能量將枯竭殆盡，甚至產生自我懷疑。不要受世間的價值觀束縛，也不要執著世間所謂的成功，請你追求喜愛的事物，這麼一來，積極挑戰的能量就不會枯竭，能夠愉快地活著。

老子說：「聖人以『無為』處理事務，以『不言』推行教化。任萬物自然生長變化，而默不作聲；生養了萬物，卻不據為己有；作育了萬物，卻不自恃其能；成就了萬物，卻不自居其功。正由於他不自居其功，反而得到萬物的尊敬愛戴，所以他的功德才能不朽。」

減除雜念與欲望，專心追求「喜愛的事物」

這段話接續了前一節的文章，說明「無為不言」的教誨。所謂「無為」，就是順其自然無作為，其相反詞是「人為」。「人」、「為」這兩個字組合在一起，不就變成「偽」了嗎？以人為的方式行事，人生總有一天會變成「山寨品」。

這裡的「無為不言」，就是「道」。「道」能夠誕生萬物，毫不計較功名利害，也不居高臨下地睥睨一切，認為自己最偉大，只是淡淡地生育萬物。

把這件事和我們的人生對照思考，就是要我們別執著俗世所說的「成功」吧。

一味追求這樣的成功，順利時自大地認為「我比誰都厲害」，緊抱著這樣的成功不放，反而不會再有進步，造成迎向新挑戰的能量枯竭殆盡，總有一天開始質疑：「事情怎麼會演變成這樣？」

我們不應執著於社會認定的「成功」，而是應該去做自己的價值觀想做的事。換句話說，每個人都應該去追求「喜愛的事物」。

如果是喜歡的事，做的時候開心，自然不會有能量耗盡的狀況。因為挑戰課題將接二連三地出現，所以也不會感到厭倦。最後的結果，不就能夠絲毫不以為苦，持續不斷地努力下去嗎？

老子說的「即使功成名就，因為不會一直死守成功的寶座，所以也不會發生從寶座摔落的狀況」，指的就是這麼一回事。追求自己喜愛事物的人，不僅能夠成就世人眼中成功的大事，而且能在無意識的狀況下持續累積成功。

在〈忘知第四十八〉中，老子從「捨棄多餘的事物而達到無為之境」的觀點，提出了以下的看法。

為學日益。為道日損。損之又損。以至於無為。無為而無不為。（為學在求知，知識是累積的，所以每日都有增益。為道的工夫，是日日減除人欲。減除後再減除，以至於達到自然無為的境地，自然無為便能無所不為。）

遵從「道」的生活方式，是否要學習一些小聰明小智慧、是否該在意周遭眼光讓自己看起來顯得很出色，或是成為人生勝利組……等欲望，都將變得無所謂。而且，你將會達到無為——自然而然地以自己原本的樣貌活下去的「開悟」境界。

「開悟」換成更淺顯易懂的說法則是：

拋開過去那個被「世人眼光」綁手綁腳的自己，告訴自己：「好！我要重新充滿朝氣地活下去！」

這樣的決心將會令你感到心情清爽無比。

能對工作「樂在其中」的人才是最後的贏家

〈三寶第六十七〉中這段文字也和前一節相同，談的是「去做自己喜歡做的事」。

我有三寶，持而保之，一曰慈、二曰儉、三曰不敢為天下先。（我有三件寶貝，我善守而不失。第一件是慈愛，第二件是儉德，第三件是不敢為天下人的先導。）

老子告訴我們，不須想著要背負天下的責任，也不須想著要扛起公司的責任。只須以自己的節奏老老實實地生活，總有一天就能在自己喜愛的領域，做出對社會有貢獻的成果。

只要是因為喜歡而去做的工作，無論在競爭中是勝是敗，是否能出人頭地，你都會埋頭拚命去做不是嗎？這麼一來，即使你不刻意去追求，也能精通某個領域，在不知不覺中對社會有所貢獻。

請別說「我只不過是個上班族，每天只是做主管交辦的工作，談不上喜不喜歡。」即使是交辦的工作，其中一定也有令你覺得「我喜歡這個」的部分。

例如主管對你說「你可以下班了」，你卻能衷心回答「不，我再做一會兒」，認真投入的工作，就是你喜愛的工作。不妨設法去發現這樣的工作吧！

能否喜歡上工作的關鍵，在於你是否有「樂在其中」的能力。

累積成功體驗，就能對工作樂在其中

有許多煩惱「工作一點樂趣也沒有」的人，前來找我諮商時，我一定會問對方一個問題。「你喜歡打麻將對吧？前陣子你好像說過曾經不眠不休地打了三天麻將。無法熬夜工作，卻能熬夜通宵打麻將。不過，你一開始就覺得打麻將很好玩嗎？」

這時候，對方多半會回答我：「不，剛開始一點都不覺得好玩。」於是我便追問：「那麼，什麼時候開始覺得好玩？」這時大家共同的回答幾乎都是：「第一次贏的時候。」

從這樣的回答我們可以了解，**唯有學會贏的能力，才能開始樂在其中。就工作來說，不**

論多麼微不足道的事情都沒關係，工作上的成功經驗有助於開發你樂在工作的能力。

換句話說，不論工作或興趣，無法贏就不會覺得有趣。

另外，你必須培養贏的能力。只要是曾經從事某種運動的人一定很清楚，暑期集訓及魔鬼教練，可說是提升能力不可或缺的因素。換作是公司，就相當於研修和嚴格的主管吧？

那麼，為了獲勝必要的能力又是什麼呢？如果是棒球選手，就是「準確的接球」「正確的投球」「正確的打擊」；若是上班族，則是「專注聆聽」「專心閱讀」「準確表達」「確實書寫」「仔細思考」。

如果能做到這些，即使從事的並非自己原本喜愛的工作，也能在工作中得到樂趣。社會上被稱作成功人士的人，多數都會這麼說：

「我原本不是因為興趣而選擇這個工作，不過，拚命投入目前的工作之際，不知不覺地就愛上了現在這個工作。因此提高了成效，變得十分愉快。」

因此，在思考究竟喜不喜歡你的工作之前，總之先心無旁鶩地努力看看，相信你應該能創造出「因為喜歡工作所以能夠投入↓因為投入所以做起來很順利↓因為很順利所以更加愉快」的正向循環。

我從前從事的工作是提升「員工的勞動意願」，所以具備了豐富的員工意見調查經驗。

當時我詢問員工：「你喜歡公司的什麼地方呢？」大部分的人幾乎都默不作聲，但是，只要一問：「你對公司哪些地方感到不滿？」幾乎每個人都滔滔不絕地抱怨公司。是的，因為他們無法樂在工作。

處在這種狀況，就無法活出自己的人生。我們有必要思考如何樂在工作，找出自己喜歡的部分。

《論語》也說：「知之者不如好知者，好知者不如樂之者。」能夠投入喜歡的事情並且樂在其中，是最理想的狀況。

以道佐人主者，不以兵強天下；其事好還。〈儉武第三十〉

「強求」只會結惡果，「順其自然」與人為善，才能水到渠成

不可光顧著追求成果，「為了取勝不惜把別人踩在腳下」只會自食惡果。若想做出良好的成果，必須像在大自然中細心栽培水果那般，借用自然的力量，多多關懷身邊的人，同心協力去進行事情。

老子說：「用大道來輔佐君主的人，不用兵力逞強於天下。因為用兵力服人，很容易引起報復，這樣的冤冤相報，永遠沒有了結的時候。」

爲了追求成果把他人踩在腳下，終將自食惡果

老子這段話要說的是戰爭的毫無意義。

「以武力壓制敵人的結果，農田成為戰場而荒廢；沒有耕作人口的土地只能雜草叢生，毫無益處，帶來的只有惡果。」

老子繼續又說：

果而勿矜，果而勿伐，果而勿驕。果而不得已，果而勿強。（目的達到了不必驕傲自大，目的達到了也不必自吹自擂，目的達到了更不必自驕自傲。因為他們得到成果是順乎自然的，即使有時為了衛國衛民要用兵，也是不得已的，因此已經達到目的後就不必再逞強。）

勸戒人們不要得到成果就心生傲慢。值得注意的是老子使用了好幾次「果」字。把這個「果」字用到工作上，指的就是「成果」。

現代的競爭社會只追求成果，因此很容易在工作上一味蠻幹，只求自己好就好，不惜把別

人踩在腳下，把競爭對手擊倒，令對方體無完膚，因而招來怨恨或他人報復。有時也會因為一味蠻幹，而陷入難以收拾的狀態。老子認為這是「刻意作為及人為的界限」。

為他人打造大顯身手的環境，自能創造雙贏

那麼，同樣是「果」字，若解讀成「果實」，又會是什情況呢？

不論是蘋果還是桃子，果實都是自然形成的，因為企圖「快點長大」而揠苗助長，或是施予過多的水或肥料，會變成怎麼樣呢？可能在結實之前，樹木就枯萎了吧？

話雖如此，也不能因此就完全不作為。

就像照顧果樹，平時必須讓果樹得到陽光及泥土的養分等大自然的潤澤，果樹才能長大結出豐碩的果實。

持續讓果樹接受日照，給予充足的水分；若是土壤貧瘠，就要堆肥補充營養。狂風暴雨來襲時，也必須費心避免傾倒。在這樣的照料中，與自然同生共存。

面對工作也應抱持相同的態度。**不是把一起工作的人驅趕到不見天日的場所，害他們沒有一展長才的機會，而是讚美對方「你這一點真是太出色了」，為對方營造能夠大顯身手的**

環境。不過，過度縱容只會使對方更加脆弱，所以該嚴格時就要嚴格。

以這樣的方式照顧後進，相互合作創造良好的工作成果，皆大歡喜不是很好嗎？千萬不能一個人獨佔功勞。

善加運用「自然力量」，就能讓事情順利運作。

大道廢，有仁義；智慧出，有大偽；六親不和有孝慈，國家昏亂有忠臣。
〈俗薄第十八〉

不要被他人或社會的價值觀左右，凡事問心無愧為人著想，就能避免紛爭

無論處於什麼樣的社會，什麼樣的組織，你的生存方式都不應該因此受到左右。只要思考什麼才是讓心情舒坦的生存方式，就能過著與糾紛無緣的人生。

老子說：「當整個國家社會的人們廢棄大道而不行時，賢哲們便提出了仁義等道德觀念，來匡正人心。當一國的君主崇尚知識，以聰慧智巧來治國時，人民便忘了樸素的本性，相習偽巧，勾心鬥角。當人類至親的倫常關係發生問題後，賢哲們便訂定孝慈的禮制來約束人心。當整個國家已經到了昏亂、危亡的時候，才出來一些忠諫之士，希望挽狂瀾於既倒。」

思考讓自己安心的生存方式，自然會湧現體貼他人的心情

這一段文字其實是對儒家思想的強烈抨擊。

「一再強調仁義的重要性，就代表背後的原因是社會已喪失了仁義。好比說盡孝道，如果每個人都能理所當然地實踐，根本不需要刻意強調。」

老子以這樣的方式，反過來批評儒家精神。

的確，環顧現代社會，訂定母親節、父親節、重陽節、勞動節等節日，以及在捷運上設有博愛座……「難道非要這麼做，人們才會懂得要對他人體貼嗎？」令人忍不住想這麼揶揄的狀況簡直多不勝數。

暫且不提這些。我們從這段文字中應該學習的道理是——「**我們不應受到他人或社會的束縛，應該思考自己覺得最舒適的生存方式，並採取行動。**」從這樣的思考出發，自然能夠湧現體貼他人的心情，不會在人際關係中發生糾紛。

換句話說，就是避免散播糾紛的種子，因為只要一發生糾紛，就無法心情舒適地生活。

與親友借貸，就是播下糾紛的種子

更何況，糾紛麻煩的地方在於會生出怨恨。〈任契第七十九〉中，有段話是這麼說的：

和大怨，必有餘怨，安可以為善；是以聖人執左契而不責於人。（一旦有過深仇大恨，即使表面上已和解，也會有餘怨藏在心底，又怎能稱得上是善策？所以聖人待人謙下柔弱，即使手上持有借據，也不向對方苦苦追討，這樣仇怨根本無從產生，哪裡還需要調解呢？）

這段話最典型的例子就是金錢糾紛。當有人向你開口要求：「可不可以借我錢？」時，你會怎麼處理呢？你是否擔心不借將招來怨恨，所以就借給對方？然而，要是對方借了卻沒還，你一定也會不愉快吧？

如果是我，我會這麼說：

「不，我不能借你。你需要多少？十萬圓嗎？既然這樣，我幫你墊個兩萬圓吧？這筆錢給你，但僅限這次，下不為例。」

像這樣把對方要借金額的五分之一，作為一次了斷性的約定。當然，金額多寡可以視情況調整，不過就一般常識來說，我認為五分之一是安全範圍。

這麼做的話，既不致於招來對方怨恨，錢包雖然稍微吃虧了點，但也免去了擔心對方借錢不還而坐立難安，或是要求對方還錢時必須承受的沉重氣氛，因為表明「下不為例」，還可以避免對方再次開口借錢的困擾。

不過，有些厚臉皮的人，很可能因為食髓知味而三番兩次地借錢。為了因應這樣的狀況，我一定會要求對方寫個簡單的書面證明，就好比老子說的借據。

當然，我也絕對不向別人借錢，無論如何都必須借錢時，也不是找親友，而是透過銀行等金融交易機構借貸，這樣就不至於產生人際關係的糾紛。

就像人們常說的「錢盡緣亦盡」，和親近的人之間發生金錢借貸，就是播下糾紛的種子，務必自我戒慎。

雖然這番話好像很斤斤計較，不過重要的不是只有金錢，而是：**對任何事，都應該從「自己該怎麼做才能最安心」的觀點採取行動**。

只要這個部分不犯錯，就不致於做出散播糾紛種子的行為。

天網恢恢，疏而不失。〈任為第七十三〉

與其怪罪他人，不如全力以赴做自己該做的事

任何事都不可能照著你所想的發展，人生中不如意事十之八九。與其將這些不順遂都怪在他人身上，怨天尤人，還不如把精力聚焦在自己應該做的事上，思考怎樣才能讓事情發展得更好。不論你遭遇多麼過分的對待，也不說「絕對不饒他！」進行報復，或給予懲罰。因為這是老天爺的工作，老天爺自有一張不會放過壞人的天網，讓做壞事的人遭天譴。

老子說：「天道的網羅雖寬大得看不見，可是天下萬物卻沒有一個能逃得過去。」

把善惡的裁判交給老天爺

人生不可能任何事永遠都照著預期計畫運轉，不如意的事情反而要多得多。

這種時候，你會不會把這些不順遂怪罪在他人身上，覺得「要不是因為那個傢伙礙事的話！」「都是那小子扯後腿！」「都怪那個混蛋背叛我！」「要是他照著我說的去做就沒事了。」

如果只是這麼嘮叨幾句還算好，有人可能因此火冒三丈，覺得「我絕對饒不了他」，採取報復行為，或給予對方懲罰。

不過，實際的問題是，**不原諒某個人的心情背後，其實潛在著「把利益給我吧！」的私利私欲**。當對方優先考量自身的利益，你就百般譴責，就自私自利這一點而言，你和對方不也是五十步笑百步嗎？

當然，有些事可能由任何人來評斷都會認為錯在對方。不過，無論是什麼狀況，判斷是非善惡，給予懲戒的不是人類的工作，而是老天爺的責任。是的，老子是這麼說的。

「天網恢恢，疏而不失。」天網雖然寬廣而網目稀疏，卻絕不會漏失任何一個壞人。更進一步解讀的話，老子想傳達給我們的訊息是——

「煩惱著誰為非作歹、哪些事是壞事，只是浪費時間，裁判善惡應該交由老天爺，自己只須心無旁騖地專注於應做的工作，全力以赴即可。」

這麼一想，就不會再有「無法原諒的人」「無法饒恕的事」，能夠虛心地專注於該做的事。

有之以為利，無之以為用。〈無用第十一〉

「忙碌」不值得炫耀，保留適當餘裕，身心才能保持良好狀態

不能以眼前的利益來決定有用或無用。即使現在認為無用，只要未來是必要的，或許現在看起來似乎派不上用場，卻能在肉眼看不到的地方發揮重要的效果。請好好地思考「無用之用」。別忘了為自己的行事曆留下一些空白，保持足夠的餘裕，能讓你維持身心平衡，對重要的工作更能全力以赴。

老子說：「『有』（實體）之所以能夠給人便利，端賴『無』（空虛）發揮它的作用。」

「眼下的無用」或許是未來有效的投資

日本曾有一段時期，不論政府或企業都拚命撙節開銷。為了重整財政或提高企業成效，極力追求效率化。這麼做當然是必要的。

不過，如果只就短期觀點判斷「那個沒用」、「這個浪費」，全部砍個一乾二淨，這樣的做法就值得商榷了。就中長期的觀點來看，「眼下的無用」或許對於未來是有效的投資。另外，有些乍看之下好像只會「燒錢」的部門或事業，雖然並未和營業額直接相關，實際上卻負有支撐組織全體的作用。**我們有必要仔細加以考量「是否真的沒用」、「對於肉眼看不到的地方是否真的毫無貢獻？」進行審慎的評估。**

老子的「無用之用」，有三個很有趣的比喻。

第一個是車輪的花轂和輻條。花轂是車輪中心的圓木，中間空虛，輻條由花轂呈放射狀延伸而出。乍看之下似乎沒用的花轂，卻不可能取下它，因為有花轂，車輪才能轉動。

第二個比喻是黏土製成的碗。捏黏土時中央必須留出凹陷，如果認為「中央留一個洞好浪費」而把它填實，結果會怎麼樣？就無法當作碗來使用了。

第三個比喻是居室的空間。如果認為人進入的空間沒用而填實，人就無法進入居室，居室將失去功能。

老子透過這些例子，說明「無」對於「有」的支撐作用。

從這一點來看，認為記事本上的行事曆空白太多表示浪費時間，而把行事曆填滿的人，也可以說是不明白「無用之用」的典型案例。一味地忙個不停豈不是將導致身心失衡？不留點空白的時間，保有餘裕，就無法好好地完成工作，身心也得不到休息不是嗎？行事曆填得滿滿的記事本，絕對不值得自豪。

生之徒，十有三；死之徒，十有三。人之生，動之死地，亦十有三。夫何故？以其生生之厚。〈貴生第五十〉

不執著生，不畏懼死，這樣的人往往最長壽

太過執著於生，反而難以長命百歲。不要執著於壽命長短，順其自然即可。不執著於生死壽命的人，因為不會感受到生死的壓力，對身體健康反而有益，能活得較長久。

老子說：「人出生後。能夠長壽的，有十分之三；短命夭折的，有十分之三；本來可以長壽，卻自己踏入死路的，也有十分之三。為什麼求生反而速死？這是因為他們把形體的生命看得太重的緣故。」

過度擔憂「生死」，只會縮短壽命

這是一段令人詫異的話。

「十個人當中有三個人原本就是長壽的人，有三個人原本就是短命的人，有三個人則是一心想要長命百歲，一再重複去做逞強的事，反而導致壽命縮短的人。我對於人的壽命，做了這樣的分類。」

回顧過去的生活，你屬於哪個類型呢？

比方說，你是否想著「希望長命百歲，希望享受豐裕的老年生活，所以一定要趁現在好好多賺點錢」，因而逞強地工作呢？

抑或者，過度在意健康，反而給身體帶來許多負擔呢？

現代人當中，尤其有許多人「人之生，動之死地」（一心想要長命百歲，一再重複去做逞強的事，反而導致壽命縮短），這也可以說是「揠苗助長」的一個例子。

那麼，十個人當中最後剩下的那個人，是什麼樣的人呢？

那是不執著於生，對死也不感到畏懼，順其自然平淡度日的人。一言以蔽之，就是「跨越生死的人」。這樣的人往往最長壽。

這是理所當然的，這樣的人不會讓生死操控人生，因此不會感受到生死的壓力，對於身體健康而言是最好的一件事。

就像良寬[2]一樣，**悠閒自在地看待「當死則死」，是最恰當的生存方式**。

即使死亡，也只是回到故鄉的母親身邊，無須把生死放在心上。

2 江戶時代的禪門曹洞宗僧人，是一位雲遊僧人。

柔弱勝剛強。

【第三堂課】

真正堅強的人，擁有「以柔克剛的彈性思維」

老子認為，剛強易折，柔韌才是長久生存之道。
真正堅強的人，擁有柔軟的思考與身段，
總是能從容地面對問題，默默地累積實力，
這樣的人往往謙虛少言，一旦開口說話必定很有分量，
因為周遭的每個人都發自內心地信服於他。

人之生也柔弱，其死也堅強。萬物草木之生也柔脆，其死也枯槁。故堅強者死之徒，柔弱者生之徒。〈戒強第七十六〉

養成接納所有價值觀的柔軟思維，無論發生什麼事都能保持平常心

包括人類在內，眾生萬物都是天生柔弱，但越接近死亡則越堅強。換句話說，柔軟的事物被歸類為生，堅強的事物被歸類為死。但世人卻不明白這個道理，反而一味推崇「堅強實在了不起」的價值觀。其實，真正的堅強往往內含在柔弱當中。

老子說：「人活著的時候，身體是柔軟的，死掉後卻變得僵硬。萬物草木活著的時候柔軟，死掉後就變得枯槁堅硬。所以說堅強是死亡之路，柔弱是生命之路。」

丟掉「非這麼做不可」的執念

「希望能夠更堅強！」大概誰都曾經這麼祈願過。

然而，一味地追求變強，不可能成為「真正堅強的人」。我們應該追求的是柔軟的思維。因為，**「柔弱」才是通向「道」最無為自然的方法**。

這段文章後面，老子繼續說明「強大的軍隊容易仰賴武力，因而經常與危險為鄰，以樹木來說，越粗大就越容易被強風一吹而折斷」。（是以兵強則不勝，木強則兵。）

換句話說，真正的強韌，以軍隊來說是能巧妙避開敵人的攻擊；以樹木而言就是擁有「柳樹迎風搖曳」般的柔軟。一言以蔽之，就是——

強大處下，柔弱處上。（凡是強大的，反而居於下位；凡是柔弱的，反而佔上風。）

說得更淺白一點，就是「絕不能成為冥頑不靈的人」。

所謂頑固的人，就是想法總是執著於「一定得這麼做」、「非那麼做不可」的人。

這些人被世間的常識所束縛，總是拘泥於過去的價值觀或做法，對事物抱著既定成見，缺乏靈活應對時代或情勢變化的彈性。

一旦這樣的話，就無法自由地思考，隨機應變地行動。

而且，他們往往因為「為什麼是我必須遷就？應該叫對方配合我才對！」的想法，導致與周圍對立的狀況增加。當然也會留下痛苦的回憶，無法順利行事。久而久之，就會造成自身的孤立，甚至把自己逼到絕境。這就是頑固者的弱點。

老莊思想的目標是「絕對自由的境界」。

越是頑固，越會封閉你前往絕對自由的道路。

老子並不是要我們趨炎附勢，或是迎合討好周圍。老子說的是「接納所有價值觀的同時，解開束縛自我的繩索，以柔軟的思維去應對事物吧！」

不是常有人說：「年紀越大越頑固」嗎？那正是有經驗的人才能明白的道理。

累積經驗閱歷固然是件好事，但如果這些經驗形成既定或固定觀念，也會奪去你的自由。所以請注意這一點，讓自己保有柔軟的思維吧。

過去一般社會上的看法總認為「頑固＝老人」，但現在就連年輕人也有許多人相當固執己見。

他們不是受自己的想法拘束，就是被社會的價值觀綑綁，拒絕接受其他價值觀，緊緊穿戴著頑固的鎧甲。其實這正是人類變脆弱時會有的徵兆。

在此介紹一個技巧。**當你覺得腦袋有點僵化，或是感到自己似乎有點頑固時，不妨試著讓手心向上，自然地放鬆，調整為接受事物的姿勢。**

或是曬曬太陽，聽聽夏威夷風輕快的音樂，都可以讓你的心情放鬆。

這些雖然都是很簡單的動作，但意外地有效，不妨試試看。

具備「復原力」的人才堅強

有關柔軟的重要性，老子在〈任信第七十八〉中如此說明：

天下莫柔弱於水，而攻堅強者莫之能勝，其無以易之。（天下的東西，沒有比水更柔弱的了，但是能攻堅克強的東西卻不能勝過水，因為它們無法改變水的屬性。）

只要懂得柔軟，無論遇到什麼樣的困難，即使感到挫折也能立刻恢復原狀。不論發生多麼悲慘的狀況，堅強的人必定能夠重新振作，因為他們擁有「復原力」。

「復原力」就像是使勁拍打，也能恢復原狀的門簾那般柔軟。只要具備「復原力」，就能在這個世上堅強地活下去。乍看之下，類似近年來流行的「逆境力」，其實並不相同。說到「逆境力」，一般聯想到的是勇於面對困難，排除障礙向前邁進的印象；「復原力」則是接納困難，藉由反作用力往前跨步的感覺。

「復原力」就印象來說，比較接近工作一個段落後暫時休息的「充電時間」。**處於困境的漩渦中，讓心思先暫時抽離是一個訣竅**。稍稍回想過去，每當心情沮喪時，你是以什麼樣的方式重新打起精神？

比方說——

「失戀時來一趟感傷之旅，藉由過去曾看過的風景洗滌心靈」，或是「工作出了紕漏時，到健身房流流汗，黯淡的心情就開朗了」、「遭到一直以來信賴的人背叛而沮喪時，是那首曲子療癒了我」、「失業後整天無所事事，鬱悶煩躁之際，為了打發時間打掃家裡之後，心情多少開朗了些」……。

你應該也有過類似上述的經驗吧？試著依照過去的方式調整自己。

這麼一來，空虛的心情也能再次充滿活力，同時思考也會跟著變柔軟，了解今後該怎麼做才是上策。

有些人無論發生任何事，都不會失去平常心，能夠從容不迫。那是因為他們知道如何讓心情像這樣恢復活力。因此，能夠帶著「復原力」堅強地活下去。

最後，讓我以〈微明第三十六〉一句簡單的話來收尾。

柔弱勝剛強。（柔弱之道最後能勝過剛強。）

當陷入危機，固執地想以蠻力突破時，請先想一想老子的這句話吧。

道兮沖，而用之或不盈。淵似萬物之宗。挫其銳、解其紛、和其光、同其塵。湛兮似或存。〈無源第四〉

與其煩惱未來，不如把心空出來，專心增強實力

人的一生很長，不須急著追求成果，尤其年輕時，應當保持內心的空間，設法增強實力，努力上進，不要把時間用於煩惱瑣碎小事或擔憂未來。

老子說：「道體是虛無的；但道的作用卻無窮無盡，永不止息。道體微妙玄通，深不可識，又能創生萬物，所以可以說是萬物的本源。它不露鋒芒，消除紛擾，隱藏光芒，混同塵俗。它雖隱沒無形，卻能生化萬物，真實而不虛，似乎自古而存在。」

王貞治風光的背後，是每天數百次的揮棒練習

最近的年輕人似乎都汲汲營營。實力明明還儲備得不夠充分，卻急著做出成果，一味地逞強。因此，他們經常感到疲憊，煩惱也多，過度焦慮是否有成果，對未來感到不安，總是擔心「這樣下去沒問題嗎？」

這麼一來，心情將被攪亂，無法專注在工作，難以培養真正的實力，只能陷入惡性循環。

對於年輕人陷入的狀況，老子給了以下的建議——

「你的人生還很長，不需要這麼著急！尤其是四十歲以下的年輕人，應該隨著光與塵，融入俗世間，甚至不應該太醒目。

有閒暇去在意周圍評價，杞人憂天擔憂未來，不如請你聚焦於提升實力，這麼一來，自然能夠消除你的煩惱。

總之，有實力的人才能獲勝。缺乏實力卻成天只想著得到成果，只是『愛慕虛榮』罷了！」

提到這件事，令我想起五十多年前曾目睹的一個景象。當時我常去玩耍的一個朋友家附近，有一戶總是曬著榻榻米的人家，那張榻榻米上有兩個洞。

我覺得很不可思議，一問之下，朋友說：

「啊，那是巨人隊的教練荒川博他家，王貞治幾乎每天都來這裡，據說他都在客廳練習揮棒，練習不下上百次，由於雙腳激烈地活動，把榻榻米都磨出破洞來了喔。」

只看到王貞治光鮮亮麗那一面的我，聽到這件事才知道：「原來他私下比其他人更努力。」當時的驚訝我至今仍然記憶猶新。

年輕時就應當這樣。尤其**三十歲時，正是對未來自我投資的關鍵時期**。這段時期能否提升實力，將左右你往後人生的「愉快程度」。

你唯一的競爭對手是「昨天的自己」

關於提升自我實力，老子在〈偃武第三十一〉中提到：

兵者，不祥之器，非君子之器。不得已而用之，恬淡為上。（兵器武力實在是不吉祥的東西，君子心地仁慈，厭惡殺生，所以兵器武力不是他們所使用的東西。萬不得已要使用它，也要以恬淡無欲的心情為上。）

這段話道出了戰爭的毫無意義，也就是講述「不爭」之說，即使放在現今的競爭社會也相當適用。

不少商務人士為了得到比競爭對手更好的成果，總是盲目莽撞地拚命工作，以求在競爭中取勝。

但是，老子卻說與人競爭本身沒有意義。他認為將熱情投注在執著勝負，或是贏了就額手稱快，並不是什麼好事。因為，爭論只會耗盡能量，你無法從中獲得任何益處，整個腦袋裡充斥的就只有勝負而已。

況且，即使在這次爭論中獲勝，只會再捲入新的紛爭，並非一件好事。

我年輕時也時常與人爭吵，現在回想起來，深深地體會到「當時根本在浪費時間」。

「有空與人爭吵，要是這樣的精力或時間太多，還不如集中精神用來提升實力。」

這才是老子想要送給大家的箴言。

就算無論如何都避免不了爭論，也不要執著於勝負。即使爭贏了，一味沉浸於勝利的快感也無濟於事。與其有空去與人爭論，不如好好磨鍊實力。因為你唯一需要競爭的對手是「昨天的自己」。

所謂「提升實力」，就是和「昨天的自己」比賽。今天要比昨天更強，明天要比今天更有實力，抱持這樣的態度非常重要。

希言自然，故飄風不終朝，驟雨不終日。孰為此者？天地。天地尚不能久，而況於人乎？〈虛無第二十三〉

一個人的「涵養」不是靠說出來的，而是不經意在舉手投足中流露

言語應該要自然而然脫口而出，而非滔滔不絕地說個不停。自然界發生的颱風或豪雨不會長久持續，那人類更沒道理喋喋不休地講個沒完。那樣的言語不值得相信。

老子說：「治理政事要『處無為之事，行不言之教』，一切順應自然。所以暴風颳不了一個早上，急雨下不了一整日。誰造成這樣的情形呢？是天地。天地造成的暴風急雨尚且不能夠維持長久，更何況人造成的苛刑虐政呢？」

言語沒有太大價值，應對自身發言再三省思

正如「不言而教」這句話，老子覺得言語沒有太大的價值。

「如果是像打嗝般自然說出的言語，或許還可以相信。」這是老子的思維。

近年來，不論是簡報或會議，往往都要求表達必須如行雲流水。老子的思想卻與這點背道而馳，他認為勉強編出這麼多言語，本身就是一件不自然的事。

他以颱風及豪雨比喻，表示「即使是自然界，也不會一直持續如此沒道理的事」，這樣的比喻正是老子的有趣之處。

我們有必要對自己的發言再三省思，思考自己所說的話是勉強擠出來的，還是自然而然說出口的。

就這層意義來說，涵養也是相同的道理。明明沒什麼涵養，卻硬是擺出一副有氣質的樣子，也是不自然到了極點。

我們平日應該注重修身養性，讓涵養內化為自己的一部分，自然而然地表現出來。

為了成為這樣的人，應當注意培養實力，在言語與涵養自然流露之前，保持沉默，不要逞口舌之快。

天下神器，不可為也，不可執也。為者敗之，執者失之。〈無為第二十九〉

強扭的瓜不甜，不顧對方意願強行推動事情，只會招來反感

只為了讓事情照著自己的想法進行，費盡力氣、使盡手段、用盡權力，結果仍然無法打動別人。心意若無法相通就會失敗，緊抓不放只會從手中失去，心機用盡的結果只是「失敗」而已。

老子說：「天下萬物是自然的神妙之物，不可憑一己之意去施為，逞一己之欲去控制。如刻意去施為，便會壞事，執意去控制，便會失誤。」

「以力量一決勝負」，無法讓你達成目的

有時明明費盡力氣、使盡手段、用盡權力，卻仍無法順利推動事物，這是為什麼呢？原因只要從被迫接受命令的人的立場來思考，應該就能明白。不顧他人意願強行推動事情，只會招來他人的反感，更令對方無法順從。

既然如此，為什麼人一旦有了權力，就霸道地要求他人服從呢？其中有兩個原因。一是因為想要誇示自身的力量；另一個原因是不想與周遭的人互相理解，或是根本已經放棄與人互相理解這件事。

例如，企業併購。

收購的企業對被併購的一方，以高壓的姿態說：「今後就按照我們公司的規則來做！」結果會怎樣呢？被併購那方的員工，應該會覺得反感，很難想像他們會有動力努力地工作吧？最糟的狀況，甚至還會引發離職潮。併購其實也意味著獲得人才，要是演變成這種狀況，當初究竟是為了什麼而收購呢？

因此，**「以力量一決勝負」，無法讓你達成目的。**

重要的是先問問對方希望怎麼做，然後和自己想要達成的目標取得折衷，雙方溝通清

楚，直到發自內心彼此理解、互相接納為止。

而且，不能只是表面上應酬性的溝通，這樣的話，不管你說得再多，在對方聽來依然是毫無誠意的強詞奪理。

重要的是所謂的「赤誠相對」。彼此先拋開成見，坦白真誠地表達內心的想法，雙方從中找出一個妥協點，透過這樣的過程，才能縮短相互的距離，打動對方。

不自見故明；不自是故彰；不自伐故有功；不自矜故長。〈益謙第二十二〉

結滿的稻穗頭彎得越低，成就越高的人身段越軟

向他人炫耀自己所做的事很愚蠢。因為炫耀會使你想提高實力的上進心就此停止。況且，被迫聽你自誇自讚的人，也會覺得受不了，導致你難以交到摯友。自誇就這兩層意義來看，無異是掐住自己脖子的自殺行為。

老子說：「不自以為有見識，你的見識才能顯明；不自以為是真理，你的思想才能昭著；不自誇成就，你的功德才會被肯定；不自驕才能，你的事業才能發展。」

自誇讓人傲慢，喪失「必須更加強實力」的上進心

在日常對話中，你經常自誇自讚嗎？

某個人說了自誇的話，因為不願輸給他，另一個人也開始自誇，就這麼接二連三地沒完沒了。而且，**大多數的人會忘了自己也在炫耀，卻反而厭惡別人「那個人整天只會自吹自擂」**。

難得做了件值得稱讚的好事，自己卻大肆炫耀的結果，善行的價值不僅減半，甚至還可能變成負分。事情之所以演變成這樣，主要有兩個原因。

一個是自誇會讓人產生傲慢的心態，因而喪失「必須更加強實力」的上進心。在你自誇的這一瞬間，成長也跟著停滯，結果無法養成真正的實力。

真正有實力的人，通常不會滿足現狀。因此，我們應該更加上進，增強自我的實力。這麼一來，即使不刻意向旁人炫耀，周圍的人也會肯定你。不，應該說正是因為不炫耀，所以周圍的人才會給予你肯定。

另一個原因是，喜歡自誇的人旁人容易對他敬而遠之。

大家只要回想自身的經驗，應該就能明白這一點吧。整天喜歡自誇的人，究竟有誰會和他

們處得來呢？

即使有人能夠和他們在一起，也只是出於利害關係。他們無法結交真正的摯友，遇到困難時，也沒有人會向他們伸出援手。

圍繞在權勢者身邊的人，當那個人的聲勢墜落時，其他人往往也跟著樹倒猢猻散。這樣的故事想必你應當十分耳熟吧？事實就是如此。

自誇等於是掐住自己脖子的自殺行為。這件事請千萬謹記在心。

喜歡下屬逢迎拍馬，證明你器量狹小

關於上位者的品德，老子於〈謙德第六十一〉中提到：

大國者下流，天下之交，天下之牝。牝常以靜勝牡，以靜為下。（大國和小國之間的相處之道是這樣的：大國應該像水一樣，處於低下的地位，因為那是萬川交會之所；表現得像雌性動物那樣地柔弱，成為天下人歸結之所。雌性動物能以虛靜的特性勝過剛強的雄性動物，這是因為柔靜之故而善於處下。）

所處的社會地位越高，越應該採取謙遜的態度。動不動就情緒化，或是對他人頤指氣使，代表那個人還不夠成熟。年紀越大身段越低，這才是大人物的風範。

老子說的大國與小國，也可用來說明資深老鳥和菜鳥，或是上司與部下之間的關係。許多人隨著地位頭銜越高，態度也容易變得高傲。他們喜歡藉由誇示自身的能力，不容分說地斥責位階比他們低的人，藉此彰顯自己的重要性。

然而，這樣的行為其實就像在宣傳自己根本不成熟。正如俗話「半瓶水，響叮噹」，沒有真才實學只會成為世間的笑柄。

相反的，當上位的人表現出謙遜的態度時，又會怎麼樣呢？他的部屬想必會覺得「完全不驕傲的態度，令人敬佩他的胸襟，我要好好跟隨他學習！」

社會對於這樣的人，通常會給予高度評價，覺得「如此謙虛有禮，絕非等閒之輩，一定是個了不起的人。」

居下位者不宜過度謙遜，爽朗直接是年輕人的特權

位階越高，越要保有謙虛的美德。一心只想讓居下風的人奉承巴結，只能說還是小人物。

另一方面，居下位者則不宜過度謙遜，因為職位低而刻意放低姿態，只會被認為是諂媚而已。

年輕人甚至應該要有適度的狂妄，即使對方是主管，也直言不諱的人，反而能夠博得好感，覺得「真有活力，幹勁十足呢！」這樣的爽朗直接，是年輕人的特權。

在此，向來注重與人相處的我，與大家分享我的「生存法則」。

日本第一東洋思想家親授！各年齡階段的「生存法則」

十歲到二十歲以前要多鍛鍊體能

體力是一切的基礎，所以不論參加社團活動或任何其他活動都好，都要找機會運動。另外，努力準備升學考試，也是鍛鍊身心的好機會。

二十到三十歲以前不妨多與人爭吵

二十歲以前如果培養好體力，就具備與人衝撞的能量。而且，即使稍微莽撞，二十多歲的爭吵，只要賠個不是就可以收場，不至於釀成大禍。就算偶爾使用暴力，盡情地去吵架也無妨。

我二十多歲還在電影公司工作時，經常與人爭吵。現在回想起來，自己也許是「受人利用」了吧，我當上了工會的祕書長，在勞資團體談判中對社長大放厥詞。

社長對於我這樣的毛頭小子仍然慎重其事地回答，果然「越是德高望重的人身段越低」，令我再次感受到他的確是個了不起的人物。

從事工會活動原本就很容易被公司視作眼中釘，後來我被調到閒缺，等到察覺「不妙」時，卻已經為時已晚。不過，透過親身經驗感受到自己做過頭了，以及「人在屋簷下，不得不低頭」的道理，也是一個寶貴的經驗。

三十到四十歲重要的是學習與人和睦相處

在二十幾歲經歷許多爭吵的經驗後，漸漸可以模糊感受到「超過這個限度將會難以收拾，還是適可而止吧！」或是「為了彼此著想，這裡要再加把勁堅持住才行。」以這些經驗為基礎，就能掌握與他人之間的適當距離。

而且，越是經過爭吵越能成為好朋友，由於彼此敞開心胸，更能有深度地交流。

而且，四十歲之前若能分清楚爭吵及和睦相處的訣竅，到了五十歲就更能實踐這個訣竅進一步精進自己。

孔子曾說「五十而知天命」，從五十歲開始，運用過去培養的「人際關係能力」，就能成就大事業。

能夠這樣的話，六十歲以後的人生，即使隨心所欲愛做什麼就做什麼，也能自然地保有節度，開展愉快的養老生活。

只要能以這樣的感覺活下去，與人相處時就能如老子說的「隨著年紀增長而身段放軟」，知道保持謙遜。

治人事天，莫若嗇。

《第四堂課》

真正堅強的人，熟知「與欲望和諧共處的方法」

老子提醒我們，世間充斥著煽動欲望的資訊，為了虛榮而勉強自己追求私利私欲，將遭到世間孤立。懂得節制欲望，才能追求自己「真正渴望」的事情，以堅定的信念，成就大事並為自己贏得人望。

不尚賢，使民不爭；不貴難得之貨，使民不為盜；不見可欲，使民心不亂。〈安民第三〉

別被世人追求的欲望迷惑，逞強只會給自己招來苦果

在日常生活中，布滿了許多刺激欲望的「圈套」。人的欲望沒有止境，一味滿足欲望，只會讓欲望的黑洞不斷加深。沒有實力卻勉強而為，再怎麼奢望，也只會招來劇烈的反擊。一旦被欲望擺布，只會勉強自己競爭，導致身心俱疲。我們應該了解逞強只會招來反效果，別老是抱著非分的欲望。

老子說：「在上位的人如果不崇尚賢人、賢名，人民便不會產生爭奪之心；如果不貴重難得的財貨，人民便不會產生竊奪之心；如果不顯露一己好惡之欲，人心就不會惑亂。」

一味滿足欲望，就像在打一場沒有勝算的仗

日文中的「無理」一詞，指的是勉強、逞強的意思。正如表面字義，是不合理的意思。自己的實力未經過客觀的評價，或是過度自信，硬要挑戰超出自身能力許多的高度知識性、技術性工作，或是和實力相差懸殊、自己根本望塵莫及的對象競爭。

這些情況就是「無理」。好高騖遠地勉強而為，一定會招來反效果。就像在嘲笑你：「像你這樣的傢伙，再等個一百年吧！」那般，你將遭到慘痛的教訓。

為什麼人總愛逞強呢？其中一個原因，是因為社會有太多利欲薰心，不斷煽動人心的資訊。

「社會上有這麼多優秀人才，他們都享受著奢華的生活唷。你一定很羨慕吧？只要你像他們一樣加把勁，就能賺進大把鈔票，名利雙收。社會將肯定你，周圍的人也都將羨慕你奢侈的生活唷。」

我們的生活周遭，布滿了像這樣刺激欲望的「圈套」。

一不小心中了「圈套」，將會落得慘敗收場的結局。人的欲望沒有止境，一味滿足欲望，就像在打一場沒有勝算的仗，其實是很魯莽的行為。萬一被金錢迷了心竅，搞不好還會做出偷

竊或詐欺等犯罪行為。

當然，立下遠大目標朝著夢想努力很重要。但是，你不能好高騖遠，不考慮自身的實力，若不按部就班一步步挑戰，任何事都難以如預期般順利進行。

而且，如果設定的目標並非自己真正的願望，再努力也沒有意義。因為那只是無視自己真正的需求，一味逞強罷了。

這就是「**逞強只會給自己招來苦果**」的道理。我們應該自我戒慎，小心不要被世俗的欲望牽著鼻子走。

關於欲望的可怕，老子在〈儉欲第四十六〉中是這麼說的：

罪莫大於多欲；禍莫大於不知足，咎莫大於欲得。（一切的罪惡沒有比多欲更大；一切的禍患沒有比不知足更大；一切的過咎沒有比貪求佔有的欲望更大。）

這句話要人們「思考何謂最重要的事物」。**對我們而言，最重要的應該就是性命吧**。

當欲望變大，為了想賺更多錢就會工作過度導致過勞，一味貪食美味食物導致飲食失衡，唯利是圖招致周圍的怨恨，由此可知，過度追求欲望將招來性命危險。

好好記住老子的警告，千萬不要做出忽視生命的行為。

不要理會「真正渴望」以外的事物

不被世人追求的欲望所迷惑，懂得充實自我內在，認真生活的人，才是真正了不起的人。

老子在〈檢欲第十二〉中說明：

五色令人目盲，五音令人耳聾，五味令人口爽。聖人為腹不為目；故去彼取此。（過分追求色彩的享受，最後必定弄得視覺遲鈍，視而不見；過分追求聲音的享受，最後必定弄得聽覺不靈，聽而不聞；過分追求味道的享受，最後必定弄得味覺喪失，食不知味。體道的聖人，生活簡單，只求填飽肚子，不求官能享受。寧取質樸寧靜，不求奢侈浮華。）

不論色彩、聲音或味道，都是越多越使人感覺混亂。不論看到什麼、聽見什麼或品嘗了什麼，孰好孰壞都分不清。換句話說，一味滿足感覺的欲望，容易受到表面的華麗外表迷惑，終將令人失去自我，導致人生混亂。

老子在接下來的陳述中表示，應當戒慎狩獵娛樂，避免貪求高價的物品，避免縱情於聲色的享樂。

這些都是容易使人陷落的「陷阱」。因為欲望往往很容易被煽動。

因此，對於任何事，我們一定要看清它的本質。問問自己，自己真正需要的色、音、味究竟是什麼，同時努力不看、不聽、不品嘗超過基本需求的欲望，這一點極為重要。

以購物來說也是一樣的。如果不知道真正需要的是什麼，很容易東看西看，不知不覺中買下不需要的物品，或是買下超過預算的高價物品。無論如何，**千萬不要被世人追求的欲望所迷惑。**

過多欲望只會成為身心的負擔，欲望斷捨離，才能過你真正想要的人生

追求外在的物質享受，就如同削減性命的行為。為了讓自己看起來比實際的實力更厲害，難免有逞強的時候。立下遠大目標朝著夢想努力固然重要，但我們不能好高騖遠，不考慮自身的實力，應該一步步累積實力，認真地過日子。請你腳踏實地，充實內在活下去，這才是生命中令人喜悅的事。

老子說：「最高的治世原則，就是使自己和人民在心性上達到純淨樸實、少思寡欲的境界。」

勉強追求物質享受，只會造成身心疲憊

「見素抱樸，少私寡欲」這段話在老子的論述中是非常重要的觀念。這段文字前半段的敘述如下：

絕聖棄智，民利百倍；絕仁棄義，民復孝慈；絕巧棄利，盜賊無有。（睿聖和智慧是創作一切制度和法令的根源，制度法令有了，虛偽詭詐隨之而產生，所以棄絕睿聖和智慧，人民反而能得到百倍的利益。仁德和義理束縛人的天性，棄絕了仁德和義理，人民反而能夠恢復孝慈的天性。機巧和貨利，都能使人產生竊盜之心，棄絕了機巧和貨利，盜賊自然就絕跡了。）

這段話延伸的意思是「自己是否有智慧？是否有一顆體貼的心？是否能明辨是非道理？技藝是否比人強？是否能賺到錢……等，捨棄對這些事的執著，就能在社會上感到真正的富足，任何人都能充滿慈愛之心，也就不會有盜賊了。」

老子闡述的是「捨棄虛矯奢華，和自然悠適共存」的重要性。

以現代的狀況來說，就是「憧憬六本木Hills族[3]，只想過著虛榮奢華的生活」。這麼說並不是要批評六本木Hills族，關鍵在於不要只注重表面的排場。

住在繁華市中心的高樓華廈，全身穿戴名牌衣飾，在高級餐廳享用美食……人們之所以會追求這些奢華的生活，大多出於「想讓自己看起來比實力更厲害」的虛榮心。

將全副精力用在這些事情上面，不但心靈將會變得貧乏，就連身體也會感到疲憊。為了維持虛榮，難免有逞強的時候，有時甚至「不惜偷盜」、「不惜弄髒手」也要虛張聲勢。

舉例來說，就像不顧飲食均衡，天天大啖牛排只為滿足口腹之欲的行為。長久下來，必定損及自身健康，無益於生命。

那麼，**何謂有益生命的事呢？那就是與自然共存**。最有名的例子，就是在旅程中感受四季變化歌詠俳句，以此作為生活價值的俳聖松尾芭蕉。

不求隨時隨地、無時無刻與自然為伍，而是偶爾親近大自然，觀賞明月花草，感受一下「啊，真美」的感動。若偶爾能這麼做的話，相信你會開始轉念，覺得俗世的欲望可有可無，

3日本稱呼住在六本木Hills裡的居民為「六本木Hills族」。其中住的多半是大牌藝人或資訊科技產業的社長等名人。

深切感受到生存的喜悅。

當你的內心充滿生之喜悅，對工作也會帶來正面的影響。你將不再受到虛榮心的拘束，能夠把精力完全傾注於真正想做的事情。

老子在〈歸元第五十二〉闡述了同樣的道理。

塞其兌，閉其門，終身不勤。開其兌，濟其事，終身不救。（堵塞情欲的孔道，關閉情欲的大門，使得情欲無從產生，而能保持內心的安閒寧靜，終身都不會有憂患。相反的，開啟情欲的孔道，助長情欲的產生，終身都不可救藥。）

老子要告訴我們的是：「別老是在意別人的目光。過度在意他人想法，只會讓你錯過愉快的事情，請你更珍惜自己！」

欲望「七分滿」剛剛好

有關於「寡欲」，老子在〈運夷第九〉中如此比喻：

持而盈之，不如其已；揣而銳之，不可長保；金玉滿堂，莫之能守。（一個人的內心要知足知止，待人接物要謙虛退讓。以水為例，盛在任何器皿裡，都不能太滿，太滿就會溢出來，還不如提早就適可而止。再以刀錐等器具為例，能用就行了，若磨得太銳利，鋒芒太露，就會折斷。一個人金銀財寶太多了，既會遭到別人的覬覦，自己也會因而生活糜爛，最後反而無法保有這些財寶。）

如果把水倒滿杯子要你拿著走路，你是否能像兩手空空時那樣箭步如飛？大多數人為了不讓水潑灑出來，只能小心翼翼地，無法自由地邁步前進吧？

明明水杯只須倒滿七分就夠了，卻因為貪心，想要「再多倒一點、再多倒一點」，以致水溢滿杯緣，只不過是一杯水，卻讓你喪失了身心的自由。

日常生活中，因為「再多一點」的貪念，導致身心不得自由的情況不勝枚舉。

舉個容易了解的例子，以股票或外匯投資來說，當價格持續上揚時，貪念也隨之而起，心想「應該還會再升吧」；而價格持續下跌時，又一心指望著「差不多該回漲了吧」，只想賺取最高利潤，結果反而錯過脫手時機，造成更大的損失。抱持著這樣的心態，未來等著你的就是

「受到金錢束縛」的慘痛現實。

老子另外還舉了兩個貪心造成弊害的例子。

一個是鍛鑄刀劍的例子。鑄劍的名人很清楚什麼時候要敲下最後一刀，但外行人因為無法掌握分寸，貪心地「再敲一下」的結果，結果反而毀了一把刀。

另一個例子是家中囤積金銀財寶的富人。因為害怕被偷盜，所以出不了門。好不容易出去旅行，但滿腦子只想著家中的金銀財寶，根本無法好好觀光，任何事都做不了，就連行動也不自由了。

因此，老子勸戒我們「欲望要適可而止」。他在〈守道第五十九〉也寫了一段警告我們要避免過度貪心的話。

治人事天莫若嗇。（治理人事，順奉天時最好的方法，莫過於一個「嗇」字。）

將這句話加以延伸的話，就是「不論做任何事都不可以將精力搾到一滴不剩，『只要我這一條命在，就一定全力以赴』這句話，乍聽之下好像很酷，但真的會縮短你的壽命喔。」

與其要求在短時間達到一百分的成果，不如達到七十分就適可而止，才能讓精力源源不絕、細水長流。同樣的道理也可以用來詮釋欲望。

就我的經驗來說，「七分欲望」恰到好處。

不過，隨著年齡增長，欲望越發強烈也是人之常情。六十歲以後，凡事「六分欲望」即可，就跟食欲一樣，不論任何欲望，一旦到達「撐滿狀態」，都只會造成身心的毒害。

再貪心一點，人就會變得不自由了。欲望，只須滿足七分就夠了。

善建者不拔，善抱者不脫，子孫以祭祀不輟。修之於身，其德乃真。

〈修觀第五十四〉

追求「小欲」，終將被人孤立；追求「大欲」，有人望也能成大事

在這個世上，除了自己就是他人。自己只有一個人，其餘全是他人。因此，抱著利己主義活下去，就只會孤立自己。為了避免這種狀況，應當以「德」作為人生的基準，也就是為他人竭盡自己的最善。

老子說：「真正善於以無為建德的人，與道合一，他們所立的德永遠不會被拔除；真正善於抱持的人，與萬物共化，他們所行的道永遠不會被分離。唯有這樣，他們的精神不朽，萬代子孫對他們的祭祀也永無休止。」

運勢強的人大多是利他主義者

對人類而言，孤立是最可怕的。尤其是現代人，不可能自給自足地活下去。要是真的被孤立了，很快地連衣食住都會出問題。

也許你會認為「有錢好辦事」，但這麼想就太天真了。

所謂孤立，就是你無法從任何人那裡得到支援。要是每個人都說「我不會賣你任何東西，也不會提供你任何服務」，結果會如何呢？這豈不是攸關生命的重大危機？

因此，以現實問題來說，沒有人可以孤立一人活下去，我們不可忘記的是：每個人無論任何時候都必須與他人產生某種關聯活下去。

要是忘了自己與他人息息相關，就會成為一個只顧私利，過度貪欲的人。如此一來就會忘了感謝他人，成為「只顧自己」的利己主義者，因而陷入孤立狀態。因為沒有人願意和利己主義的人交往。

因此老子要問的是：你是否有「德」？

所謂的「德」，指的就是為他人奉獻自己的最善。以利他主義努力活下去才是最重要的一件事。

如果是這樣的人，別人也會覺得「啊，他真是一個好人，我經常受到他的關照，以後要是他有什麼困難，我也會盡一己之力幫忙他。」對他不會吝惜伸出援手。這樣就不會孤立無援，能夠和許多人一起相互合作地活下去。

我年輕的時候，曾經和日本經營之神松下幸之助有過下面這段交談。

「經營者的條件是什麼？」

「運勢要強。」

「希望運勢強的話，應該怎麼做呢？」

「那就是要多積德。」

「怎麼樣叫做運勢強呢？」

「陷入攸關生死的危機時，能有人及時伸出援手。」

積德的重要性，從這段話中就可以體會。

倘若凡事都採取自我本位主義，一旦遇到危機時，旁人可能趁機落井下石讓你沒機會東山再起。

既然免不了有欲望，「小欲」不如「大欲」

關於經營者的德性，老子在〈聖德第三十二〉中提到：

譬道之在天下，猶川谷之與江海。（道在天下，對萬物來說，就好像江海對於川谷一樣。江海是百川的歸宗，道也是萬物的歸趨。）

假設統治一國的君主是個貪得無厭的人，他會採取什麼樣的行動呢？

為了擴張領域，他是否會把精力傾注在與他國的戰爭呢？只要看看世界各國的歷史，答案就很清楚。現今也仍然有這樣的統治者。

結果，統治者能夠滿足他們的私欲嗎？被統治者的私欲連累的國民，能夠幸福嗎？

答案是否定的。統治者不可能如他所願永無止境地擴張領土。人民將身心俱疲，對統治者充滿不信任感，任何人都不可能幸福。

老子是這麼說的——

「像這樣會帶來不幸的欲望，只是私人小欲。我否定的不是欲望本身，而是錯誤的欲望方向。

人們應該要擁有的是讓國民，甚至全世界的人都幸福的宏大欲望。」

正如「大欲似無欲」這句話，統治者應該胸懷大欲，而不是小鼻子小眼睛的私利私欲。換做經營者的立場來說，「擴大營業額」只是私利私欲。對這樣的私欲應該設法降到無欲，時常思考員工的幸福。

例如：加強員工福利、提供有心到海外進修的員工留學費用、提供能讓員工專心挑戰的工作環境；盡可能將獲利投資在員工身上。

這麼一來，員工反而不會再抱著莫名的私利私欲，能夠無欲地努力工作，對經營者懷抱著信任。一個經營者若是能有人望，事業又怎麼會不順利呢？

像這樣讓員工每個人都幸福的大欲，其實就涵蓋了「擴大營業額」的小欲。

讀到這段文字時，我想起西鄉隆盛評論山岡鐵舟（對江戶無血開城有功者）說的一段話。

「據我所見所聞，不惜命，不重名，不慕官位，不屑金錢之人，始終少之又少。然而，若非這少中之少，恐難有成大事者。[4]」

123 只爲私利私欲而活的人，最令人難以信任。

只為私利私欲而活的人，最令人難以信任。

以生活周遭的例子來說，**當公司陷入即將倒閉的危機時，不論是經營者、幹部或一般員工，最可靠的都是無欲無求的人。**

「我不求薪水或其他利益，只希望為了大家，讓公司東山再起。」能像這樣竭盡全力為公司奉獻，就是心懷大欲，值得信任的人。

只知滿足私利私欲，格局太過狹小。應該捨棄這樣的欲望，從宇宙的觀點思考如何讓大家幸福。擁有這種宏大的欲望，就會像大海廣納百川那般，能擁有人望也能成事。

何不捨棄小欲，站在宇宙觀點將格局放大，為「大欲」而生呢？

4 西鄉隆盛《南洲翁遺訓》。

知足者富。〈辨德第三十三〉

欲望越是追求越沒有底線，最富有的人最懂得知足

欲望強烈的人，不論物質多麼豐盈，他也不知道滿足，因為他的心靈非常貧乏。欲望強烈的人，容易遭到周遭孤立，一旦遇到了問題，周遭也沒有人願意伸出援手。能夠滿足於現狀，覺得「只要活著就是滿分！」的人，才能過真正豐富的人生。

老子說：「知道滿足的人，其內心必然富有。」

被欲望驅策的人終將孤獨一人

「知足者福」這句話改變了我的人生，讓我得到救贖。

以下就來介紹我個人的經驗談——

現在回想起來，直到四十歲之前，我的欲望始終非常強烈。我一心想擴大公司的事業版圖，讓業績蒸蒸日上，希望生活能夠更富裕的欲望一直驅策著我往前衝。

打個比方來說，就像是發現了金礦的人，「全部都是我的！誰也別想碰！」地圍起繩索，想要獨佔一切。

的確，一開始似乎能夠如我所願，但不久便開始出現陰霾。

那不單純是工作不順利這種簡單的困擾。我赫然發現，曾幾何時自己已經遭到了周遭的孤立，令我錯愕不已。

欲望強烈的人，沒有推心置腹的親友，一旦問題發生，也沒人願意對他伸出援手。

因為利欲薰心，讓我陷入這樣痛苦的困境。

走在新宿熙來攘往的人群中，我突然一陣黯然。

「這個世界上有這麼多人，卻只有我如此孤單，我以前究竟都過著什麼樣的生活呢？」我被這樣灰暗的想法困住，感到痛苦不已。

因此，我由衷下定決心一定要改變自己。當時，**我選擇作為人生處世哲學的關鍵字，就是老子的這句「知足者富」**。因為我認為，能讓利欲薰心的自己完全改變的，唯有這一句話。

當然，這句話我更早以前就已經知道了，然而過去只限於表面字義的認識，直到察覺自己被孤立，我才真正體會到這句話的涵義，這句話就此在我的生活中成為一句活生生的話。為了不忘這樣的心情，我把愛犬的名字取作「TOMU」，每次叫牠的名字時，就會提醒我「知足者富[5]」這句話。

從那時候開始，數千次、數萬次，我將這句話刻在心裡，無論何時何地都牢記著「知足者富。只要活著就是滿分！你不就是多虧這樣才能遇見如此可愛的狗狗嗎？還有什麼好奢望的呢？」

不可思議的是，我的人生因此產生了一百八十度的轉變。

首先是周遭出現許多願意對我伸出援手的人，而之前不敢奢望可以完成的夢想「擁有自己的教室」，竟然在短短的十年中就達成了。

從我自身的經驗，我可以告訴各位，年輕時擁有強烈的欲望也無妨。我甚至建議你徹底依照自己的欲望行動。這樣的話，隨著年紀增長，你將更能深切地體會到強烈欲望所帶來的空虛感。

不過，在任憑欲望驅策的途中，你必須記得在某個時間點由強欲轉為無欲。始終都讓欲望拖泥帶水地影響你，到頭來你一生都會受到欲望的控制。

年輕的讀者們，不須現在就勉強自己做到無欲。只須一有機會，就像唸咒語般提醒自己：「知足者富。只要活著就是滿分！」

這是為了能在恰當的時機來到時，產生良好的助跑作用，幡然一轉為無欲。

這樣的時機何時到來雖然因人而異，但是當「知足者富」不單只是一句標語，而是真正落實內化成為身體的一部分時，你將開啟愉快的人生。

「六十歲過後的人生真是愉悅、快樂呢！」

我可以很明確地這麼斷言，衷心希望你也能真正相信這句話。

---

5 日文中「富」的發音是「TOMU」。

禍兮福之所倚，福兮禍之所伏。

【第五堂課】

真正堅強的人，通達「吃虧就是佔便宜的智慧」

老子認為，任何事物都有正反兩面，
「福禍相依」是天道運行的規則，凡事過猶不及都不好。
身處上位時謙虛低調，身處谷底時不自怨自艾，
寵辱不驚的態度，讓你以平常心面對成敗，贏得眾人的尊敬。

高者抑之，下者舉之，有餘者損之，不足者補之。〈天道第七十七〉

處於巔峰狀態，更要「謙卑、謙卑、再謙卑」

在「道」的面前，萬物是平等的。因此，「道」有著讓世界平等的作用。超過限度時它會挫折你；陷落谷底時它會拉你一把。理解這一點後，在「道」為你折衷調和之前，請你自己先努力避免失去平衡。

老子說：「天之道，就好像扣弦於弓的作用。弦高了就把它壓低，弦低了就把它升高，弦長了就把它修短，弦短了就把它加長。」

太過得意忘形，「道」就會給予迎頭痛擊

請你試著擺出把球往前丟的姿勢。

咦？你的手臂是不是往後抬了呢？明明是把球往前丟，為什麼你的手反而會往後呢？不過，這不是理所當然的嗎？若不把手臂往後拉，球就無法向前飛了……

我想說的是，**「道」總是藉著反作用力，來維持這個世界的平衡**。

俗話說「樹大招風」，有才能或幸運的人即使嶄露頭角，要是太過得意忘形，「道」就會給予迎頭痛擊。這是告誡你「別太得意忘形！要更謙虛一點！」的「懲罰」。相反的，當境遇接連不順跌落谷底時，「道」也會伸出援手，幫助你東山再起。

但是，我們千萬不可因為「道」會撥亂反正，就隨意任它擺布。可能的話，還是希望可以避免挫折。

重要的是，我們應該銘記「道」的作用，時時提醒自己導偏為正，取得調和。**尤其身處巔峰狀態，更要注意保持謙遜**。

以企業來舉例，就像「達成大幅度的業績成長，真是太好了！今年員工旅遊就到夏威夷去

玩吧！」這樣，在業績好時大肆慶祝。其實這樣的員工犒賞，反而應該在工作不順的年度舉辦才對。

那麼，業績成長時應該做什麼呢？此時我們應該立即推測，由於「道」的平衡作用，接下來可能會跌落到谷底，所以應該把利潤回饋給顧客或客戶。

比方說，由社長親自拜訪客戶，送給客戶贈禮，表達「這是敝公司對您的感謝」，或是在門市舉辦感恩回饋的折扣。或是盡量投資在研究開發或設備，把精力傾注在提供更好的商品、服務，這樣不是很好嗎？

另外，以個人的人生來看，即便一帆風順，也切莫因此趾高氣揚，必須時時回顧自己最艱苦、卻仍為了追逐夢想而努力的時光。

如此一來，你就能放下驕矜的心態，這是事先防患於未然，避免你跌落谷底的方法。

換句話說，就是莫忘初衷。只要記住這一點，即使遭遇不順，你也不會因此自怨自艾，一蹶不振。

因為，任何人只要回想自己的起點，應該就會想起「當初的我也是從零開始，既沒地位也沒財產，有的不就只是夢想嗎？」如此一來，你就不致於太過糾結，覺得不平、不滿，和整個世界過不去。

不論處於什麼樣的狀況，都要以謙虛的心態調和自己的心。

這樣的態度，正是向「道」學習，時時不忘維持身心的平衡。

以正治國，以奇用兵，以無事取天下。〈淳風第五十七〉

偶爾遠離文明生活的喧囂，在自然界取回身心靈的平衡

沒有任何事物比最先進的科技更令人困擾。回想一下日本的三一一大地震吧！當生活網絡停擺的那一刻，當輻射汙染開始擴大的瞬間，人們的生活遭遇到極大的威脅。我們一定要保有「人類最原本的生活與心靈」，即使不依賴文明，也能夠自力更生，與大自然同生共存。

老子說：「用正道治理國家，以奇術帶兵作戰，但治理天下，正奇兩種方式都不能用。唯有無為才能擁有天下。」

對文明的過度依賴，導致現代人身心的失衡

一提到老子，可能會有人說：「喔，老子崇尚自然對吧？他主張隱居遁世不是嗎？」乍看之下，的確給人這樣的印象，但這樣的解讀未免太過膚淺。

過度崇尚自然，人類只能走上餓死一途。為了生存下去，才產生了人類文明，我們每個人都受惠於文明。

老子並非否定文明，而是要我們在文明與自然中取得平衡。

尤其是近年來，人類對於文明的依賴越來越深，以致越來越失衡。

於是造成什麼後果呢？人類的心靈及生活反而受到文明控制。有鑑於此，我在本節一開始，便以日本的三一一大地震為例，超譯〈淳風第五十七〉這段文字，對當今社會提出警告。

老子想說的是，「對於文明的依賴應當適可而止，要好好保留人類原本的生活方式」。

例如，平時我們使用的是自來水，萬一遇到了停水，也要能夠使用井水。平日做好充分準備，即使停電也照樣能生活下去。老子想說的正是這個道理。

就這一點而言，現代資訊社會可以說是文明發展的極致。相對的，也非常可怕。

的確，網路及電子郵件都為生活帶來很大的方便。無論何時何地，都能輕易在短時間內取

得工作聯絡或蒐集資料，相較於從前沒有網路及電子郵件的時代，能夠使我們在工作上更有效率。

然而，人們的工作卻沒有因此減少，反而不斷增加不是嗎？我們一天二十四小時被工作追趕，心靈毫無休息的空間。而原本由人工進行的工作完全被電腦取代後，更是無法扼止失業者的增加。

此外，將所有資料完全以電腦管理真的沒問題嗎？一旦系統當機故障，要再恢復可說是極為困難。從銀行到交通運輸，所有企業當機停擺，社會秩序因而混亂，光是想像就令人不寒而慄。

文明雖然為人類的工作及生活帶來方便，但每當往前跨進一步，人類最原本的生活方式與心靈也將隨之被剝奪，我們一定要認知到這一點。

然後，偶爾不妨放下手機或電腦，到沒電沒瓦斯也沒有自來水的鄉下過個幾天如何？這麼做至少能夠讓你從被文明侵蝕的日常生活中透透氣，不失為在文明社會中取得平衡，重新拾回人類最原始生活及本心的良策。

道生一，一生二，二生三，三生萬物；萬物負陰而抱陽，沖氣以為和。〈道化第四十二〉

二選一是愚蠢的做法，兩者兼顧才最聰明

完美的事物是將原本互相矛盾的陰陽兩個要素，毫無矛盾地涵蓋在內。不是「該選擇陰還是選擇陽」，而是思考「陰陽兩全」，渾然忘我地全心處理事物，自然能夠突破矛盾。

老子說：「道為萬物之本，道本無名，強名為『一』。道由渾然一氣形成陰陽兩種作用，再由陰陽兩種作用形成陰陽調和之氣的三，再衍生萬物的變化。萬物稟賦陰陽二氣，這陰陽二氣互相激盪生成的調和之氣，使它們能和諧發展。」

熱銷商品往往調和了相互矛盾的要素

任何事物，或是人的性格、能力，都內含相反的兩個要素，這也就是所謂的「陰陽論」。中國古典思想中，把向內被動的性質稱之為「陰」，向外擴大的作用稱之為「陽」，而「陰」「陽」調和的狀態稱之為完美。

以高爾夫球來說，完美的揮桿也是如此。放鬆肩膀力量，身心完全放鬆地站好，預備揮桿時緊張感隨之升高，在緊張感最高的瞬間全力揮桿，像這樣透過放鬆及緊張的調和，就能達到完美的揮桿。

另外，朝日啤酒的「SUPER DRY」之所以能夠熱銷，就是因為「濃郁中帶有清爽」的口感，完美地融合了相互矛盾的兩個要素。

其他例子還有：將難以理解的內容寫得明瞭易懂的暢銷書、高功能卻價格便宜的商品、利用回收建材建造最尖端設備的房屋、袖珍型卻能保存龐大資料的機器……等，**熱銷商品通常具備相互矛盾的要素**。

這麼一想，不論商務或任何事，煩惱如何從「陰」、「陽」中二選一是愚蠢的做法，兩者兼顧加以融合才是最聰明的做法。

「吃虧就是佔便宜」是現今商務社會最有用的智慧

那麼，我們要如何讓「陰」、「陽」融合呢？

老子以「沖氣」這個用詞來表現。

這個詞的意思是「專心致志」。即忘記一切達到忘我的境界，廢寢忘食地專心投入。

不妨試著去問問那些開發出新技術、新商品、新服務的人，問他們：「你是如何創造出這些新事物的？」

相信他們都會異口同聲地回答你：「忘我地投入開發的工作。」他們的專注並非短暫的數日，而是數月、數年，有時甚至要投入數十年的時間，專心一意地研究開發。

換句話說，**專心投入的忘我境界，能讓原本陰陽對立、充滿矛盾的狀態融合為一，創造出新的產品**。

在這段文章後半段，老子繼續說道：

故物或損之而益，或益之而損。（所以任何事物，表面上看來受損，實際上卻是得益；表面上看起來得益，實際上卻是受損。）

這就是商場上常說的「吃虧就是佔便宜」。

人們常為了眼前的小利，而錯過了更大的利益。相反的，有時候承受一點損失，反而能獲得更大的利益。老子要我們仔細想想其中的道理。

例如，在新商品剛上市時提供免費試用品，而有些新設施開幕時，不也會提供免費試用券嗎？

這就是「吃虧就是佔便宜」的典型範例，可以說是將老子的教誨運用在現代商場的例子。

各位不妨將這段話視為「現今商務社會最有用的智慧」，加以靈活運用。

人生智慧27

其安易持，其未兆易謀。其脆易泮，其微易散。為之於未有，治之於未亂。〈守微第六十四〉

居安思危，有備無患，平安無事時更要為將來的萬一做準備

平安無事，沒有任何麻煩或煩心事時，切忌沉溺於安逸。越是這個時候，我們更要預測未來可能發生的不測，做好因應危險的準備。

老子說：「萬事在安定的時候容易把握，問題未見端兆的時候容易安排。事物在脆弱的時候容易分解，問題在微細的時候容易打發。所以在事情尚未萌芽的時候，就要預先處理；在亂事尚未形成的時候，就要早作防備。」

身處平靜無波之際，更應謹慎度日

「日日是好日」的人，情緒容易懈怠。這麼一來，就聽不見困難或危險的腳步聲偃息而來，等察覺時已經為時已晚，只能慌亂地大嚷：「哎呀！發生天大的事了！」或是因為突然的「晴天霹靂」而呆若木雞，輕而易舉地被困難擊敗。

其實這些困難往往都不是天大的事或晴天霹靂，我們只是缺乏預知該危機的緊張感罷了。因此老子才會說：「平安無事之際，更應預測之後可能發生的危險，預先做好準備，屆時才能冷靜應對。」

比方說，你會為地震先做好準備嗎？大多數的人聽到別處有大地震發生，一定會慌張地想起：「預防萬一，必須事先備好水和食物才行！防災用品也要隨身攜帶！」然而，我們很快就會忘得一乾二淨，心想「這裡又不一定會發生地震，還是算了！」

另外，你是否為了防範有朝一日父母病倒時先採取預備措施呢？「老人家現在身體還很硬朗，不必太擔心！」這樣的心態未免太過樂天。正因為身體硬朗，才更應該趁現在有餘裕時預先查詢相關資料，萬一將來緊急狀況發生，也能夠臨機應變。

商場上也是一樣，就算一切進行順利，也不應該大意鬆懈，只顧著悠閒泡溫泉休息，而是應該要推測哪裡可能有圈套，儘早採取措施。趁此時問題尚不致於太嚴重，還能夠冷靜地應對處理。

一葉知秋，身處平靜無波之際，更不該大意，而應謹慎度日。

唯有做好「不論發生任何事都能應對」的準備，你才能夠真正地泰然自若。

反向思考，掌握「改變前的預兆」

在〈微明第三十六〉中，老子以「反向思考」的觀點，進行更深入的闡釋：

將欲歙之，必固張之；將欲弱之，必固強之；將欲廢之，必固舉之；將欲奪之，必固與之；是謂微明。（物極必反，勢強必弱，這是自然的現象，不易的道理。一件事物將要收縮時，必定會先膨脹；當一件事物要被削弱時，必定會先強大；當一件事物將要被廢除時，必定會先興起；當一件事物將要被剝奪時，必定會先被賦予。這是自然界極微妙而又非常明確的事實。）

正如「風雨前的寧靜」這句比喻，越是意料外的怪事發生前，越容易有股令人感到不對勁的寧靜。

換個說法，就是「禍之與福，何異糾纏」、「塞翁失馬焉知非福」。老子在〈順化第五十八〉是這麼說的：

禍兮福之所倚，福兮禍之所伏。（災禍往往是通往幸福的階梯，幸福之中也含有災禍的因子。）

平時最好抱持「好事與壞事總是交互而來」的心理準備。

有時當下的狀況是完全相反的預兆。現在一帆風順，不久後可能會遇到暗礁；現在很幸福，不久將遭逢不幸。時時反向思考，掌握預兆，事前做好萬全準備非常重要。

然而，人們總是抱著「現在的狀況將會持續下去」的念頭。處於絕佳狀態時，以為良好的狀態能夠無止境地持續，相反的，倒楣的時候，又認為永遠無法從谷底爬上來。

在此介紹我之前經營公司時發生的事吧。當時公司的客戶不斷增加，得意忘形的我，接下

145 平時最好抱持「好事與壞事總是交互而來」的心理準備。

了所有客戶的訂單，企圖擴大事業版圖。

然而，承接的訂單超過能力，以致對個別顧客的關照變得馬虎，自某個時間點開始，客戶量一口氣大減。

也因如此，接下來對每家公司的客戶，反而能夠給予周到的服務，於是顧客數量又開始增加。

若是當時我能牢記老子這句話，就不致於讓業績大起大落，能夠更穩定持續地經營公司吧？因為有那樣的經驗，我總算察覺「以反向思考掌握前兆」的重要性。

不論什麼時候都要以「陰陽調和為本」，當擴大時盡力縮小它；當縮小時盡力擴大它。以這樣的思維，謹慎注意從陽到陰，從陰到陽轉變的預兆，然後預作準備，這就是「微明」，也就是能夠清楚理解微妙變化的聰明人。

各位也要時常注意眼前發生的變化，努力看出即將發生逆向轉變的前兆。

知其雄，守其雌，為天下谿。為天下谿，常德不離，復歸於嬰兒。〈反朴第二十八〉

世間萬事萬物，總是有正反兩面，因此不能只看單一面

亦剛亦柔，像這樣兩個對立的要素若能夠整合，一切事物就能順利進行，能夠更加提升能力。對於任何事，都經常反向思考，不要過度偏頗是非常重要的。

老子說：「知道雄壯剛強的好處，而寧願處於雌伏柔弱的地位，這樣，才可作為天下的谿壑，使眾流會注。能作為天下的谿壑，常德就不會散失，而復歸於自然狀態，就如同嬰兒一樣。」

反向思考有助思考周延

強與弱；堅硬與柔軟；乾淨與汙濁；喧擾與寂靜；高與低；長處與短處；雄辯與寡默；明亮與陰暗……世間萬事萬物，總是有相反的一面，因此不能只看單一面，必須時常認識相對的另一面。老子認為在這個基礎上，守住自己應守的信念，有助於提升自我。

以一句話來說明，他要給我們的忠告就是「**以老練為目標。**」**老練的人累積了多重經驗，他們能夠從各種角度來觀察事物，對於任何事都能柔軟地應對，這才是資深的老手。**

以我自己為例。我剛開始擔任講師時，原本對於在別人面前說話覺得害羞，因為害怕面對聽講的學員，總是面對著黑板說話。

不過，因為有學員寫了「我想不起來老師長什麼模樣」的感想，我反省不能再這樣下去。老是盯著黑板或是背對學員，和學員沒有眼神接觸，就無法完成對講師而言最重要的「傳達」任務。

經過一再努力後，我總算能在講課時面對學員，並刻意提醒自己要讓學員們看到我對授課的熱情。

然而，雖然我一頭熱地講課，卻無法將自己想說的事確實地傳達給學員。

因此，我開始四處去聽知名講師的課程。結果發現一件事——擅長演講的人，都有一個共同特徵，就是不會自顧自滔滔不絕地講個沒完，而是在講話的過程中，保留適當的「空間」。

換句話說，擅長演講的人，知道如何掌握「談話」與「沉默」之間的平衡，這一點讓我茅塞頓開。

既然是演講，「說話」當然是工作，但光這樣是不夠的，如果做不到適時的「保持沉默」，反而無法確實傳達自己的意思，說出去的話欠缺說服力。

我得出的結論是，「**演講或諮商等說服對方的工作，要確保溝通順利的最大祕訣就是不要說話**」。

像這樣「反向思考」，也是有助於提升實力的重要思維。

故常無欲以觀其妙，常有欲以觀其徼。〈體道第一〉

恰到好處的高尚、恰到好處的粗鄙，才是「擅長生存」的人

有人出生富貴之家，有良好的人品，卻不擅長對抗逆境。相反的，有些人出生貧困，像雜草般堅強，卻總是改不了粗鄙的個性。不論是哪一種情況，都活得很辛苦，因此要對這些地方有自覺，磨鍊自己不足的部分。

老子說：「常想到天地的本始是『無』，就可以了解道的本體精微奧妙；常想到萬物的根源是『有』，去觀照萬物化生的規則。」

「高尚」及「粗野」兼具的人，最有魅力

「故常無欲以觀其妙，常有欲以觀其徼。」也可以唸成：「常以無欲觀其妙，常以有欲觀其徼。」

用現代觀點加以詮釋，「這個世界有像高山山頂或伊勢神宮般充滿靈氣的地方，也有像新宿歌舞伎町般嘈雜的場所，請你成為不論在哪一個世界都能生存下去的人！」

這就是人類所需要的兩面性——「高尚」及「粗野」。

例如，以經營者來說，大略可以分為兩類。

一種是父親或祖父，或是祖先世世代代都累積財富，生長在富裕的家庭，繼承家業的類型，也就是所謂的「富二代」，天生就具備高貴的氣質。不過，因為在細心呵護的環境下成長，對挫折的抗壓性較差，以致事業失敗的人也不在少數。

另一種類型則是出身於貧苦人家，白手起家的經營者。意志強韌的他們能夠禁得起任何困難，卻無法去除粗鄙的性格。說白一點就是有些不入流，以致始終不登大雅之堂，無法躋身一流人才。

這兩者間的共同點，就是人品過度極端，無法取得平衡。

真正的一流人才，除了要有相應的氣質，也不能和世俗隔絕，偶爾也要能夠表現出粗獷的一面，以更淺白的方式來說，**「恰到好處的高尚、恰到好處的粗鄙，才是『擅長生存』的人」**。

做到「恰到好處」雖然不容易，但生來坐享榮華富貴的人畢竟是少數，請各位不妨這麼想想看。

年輕時不須瞻前顧後也無所謂，順著自己的欲望謀求成功，全力以赴。

然後，不論你成為企業家、成立上市公司，或是成為上班族晉升管理職，只要達成當前的目標，就努力削減內在粗鄙的部分。

換句話說，以當前的目標作為分界點，思考如何去磨練自己。

具體的做法，好比親近古典文學，接觸藝術領域，培養茶道、插花、書法等興趣，享受有主題性的深度旅遊，重點是擴大涵養的範圍，度過豐富而有意義的時間。

我年輕時一味地全心投入工作，為了提高營業額，不斷汲汲營營地挑戰新工作。

當時幾乎每天都在公司附近的餐館用餐，總會看到一位外表看來十分有氣質的年老紳士。

他總是在店家陷入中餐忙碌時段之前過來用餐，大約十一點半左右，繫著蝴蝶領結，手持紅酒，佐著起司用餐，他的周圍總是流動著一股優雅的氛圍。

我記得當時看到他，總是忍不住自我反省：「我過著多麼粗鄙的生活，我一定要像這位先生一樣度過豐裕的時間。」

各位目前雖然仍處在全力衝刺的時代漩渦中，今後請務必記得多費心磨練自己。

是以聖人之治，虛其心、實其腹、弱其志、強其骨。常使民無知無欲，使夫智者不敢為也。為無為，則無不治。〈安民第三〉

「工作欲」要大，「物質欲」要小；精力的六成用來磨練內在，四成用來豐富外在

一味追求金錢與物欲，不論達到什麼境界，總還是有人比自己更富裕，這樣的比較根本沒有盡頭，只會導致人生越來越空虛。金錢及物欲都應該盡可能縮小，相對地，對工作不妨抱著更大的欲望，才能過著充實的人生。

老子說：「聖人的治道是：淨化人心中的欲念，滿足人民基本的生活需求；減弱好勇鬥狠的意志，強壯人民健康的體魄。經常使得人民安於他們不逞知能、不貪嗜欲的素樸生活。」

當金錢或物欲變得強烈，人將被無聊的煩惱支配

金錢欲及物欲若放任不管，就會漸漸坐大。

更麻煩的是：滿足這樣的欲望將會變成人生的目的。寧可打腫臉充胖子也要過奢華的生活，整天在意外界的評價，希望他人將目光放在你身上，因而忽略了磨練最重要的內在。

而且，當受到金錢、物欲的束縛，心靈就很難得到滿足。不論達到什麼境界，總還是有人比自己更富裕，永遠都會產生「好想要更多錢，好想買更昂貴的東西！」的欲望。

無論是哪種狀況，當金錢或物欲變得強烈，人也將被無聊的煩惱支配，說難聽一點，將會墮落成「沒有內涵的人」。

在我看來，現代人幾乎把七成精力都用在滿足外在，只剩三成用來磨練內在。

這樣對心靈的平衡非常不利，一定要逆轉才行。

至少要經常提醒自己，調整為六成用來磨練內在，四成用來豐富外在。

若能以這樣的平衡程度來充實內在，對工作的意願就能提高，應當就能把工作做好，改善經濟狀況。

另外，金錢欲及物欲過度的人，也令人不敢恭維。

「讓你瞧瞧我有多厲害！」的想法，在在顯示出自己並未達到那個程度的實力。用不著我說，輕浮的人立刻就會被人看破手腳不是嗎？

現代人重視表現自我，然而真正應該給予肯定的，是在看不見的角落默默耕耘，扮演「幕後功臣」的人吧？

因為這樣的人拚命追求的是內在的充實而非外在的裝飾，即使他們不主動宣傳，他們了不起的部分也能自然彰顯出來，贏得眾人真正的尊敬。

人生智慧31

為無為，事無事，味無味。大小多少，報怨以德。圖難於其易，圖大於其細。天下難事，必作於易。天下大事，必作於細。是以聖人終不為大，故能成其大。〈恩始第六十三〉

好事壞事都肇始於「幼苗」

趁早摘除禍苗，細心照顧善苗

凡事都一定有「幼苗」。大事或艱困的事一開始都只是極小的問題，容易應對；莫大的幸運並非來自一朝一夕，剛開始是小小的幼苗。不論任何事都及早應對，就能及時摘掉禍苗，培育善苗。因此周圍的人才會認為「那個人似乎沒做什麼了不得的事，竟然能夠成就大事」。

老子說：「聖人治理天下，以無為作為治政的根本，以無事作為行政的原則，以恬淡作為施政的態度。他能見微知著，當事物很小的時候，他就能看到它們發展成很大的情形，而預作準備。所以當有仇怨的時候，他卻以恩德來回報，以消除仇怨。他解決難事，從容易的地方入手，作為大事，從細微的地方開始。這是因為天下的難事，必定從容易而來；天下的大事，必定從細微而生。所以聖人始終不自以為偉大，卻反而能成就他的偉大。」

「無為」並非什麼都不做，是趁問題還不大時，盡早發現應對

前面曾說過「平凡就是福」，在此，老子仍以「為無為」說明，沒有發生任何問題是最好的。

不過，大多數的人都很難想像這樣的人生，甚至認為「稍微有點問題，或是遇到一點困難，人生不是比較有趣嗎？最重要的是，突破現狀時，更能感受到人生的價值。」

然而，這是因為只看到表面。**老子說，重要的並非「不要發生」大事、難事，而是努力「讓它不要發生」**。

這是什麼意思呢？

請你仔細思考，不論什麼樣的大事或難事，難道都是某天突然從天而降的嗎？絕對不會有這樣的事不是嗎？任何事必定有其「幼苗」，我們不能錯過它。

換句話說，**本書所說的「無為、無事、無味」，並非什麼都不做，而是帶著緊張感，觀察現狀，趁問題還不大的時候，或是還容易應對的時候，盡早發現盡早應對**。

只要能夠這麼做，就能摘除問題的幼苗，不讓它發展成大問題。也就能過著什麼問題都不會發生的人生。

換句話說就是，「不讓日常頻繁發生的小問題演變成大事、難事，就能獲得沒有任何問題的人生。」

而且，趁早摘除所有阻擋人生的問題幼苗，事情就能順利運作。處理問題的時間及工夫大幅降低，當然就能從容冷靜地面對任何事情。

因此，**徹底做到「無為」的人，結果就能順利地成就大事**。

請你回顧過去，是不是發生許多當下可以輕易解決的事情，卻放任不理，以致小事演變成大事或難度升高，因而吃盡苦頭呢？

說得嚴重一點，造成問題擴大，難度變高的結果，都是自己的怠慢造成的，請務必謹慎小心。

及時表達謝意與好意，就能培養與他人的善緣

另外，人生隨處隨地可能冒出的「幼苗」，其中也有想要加以栽培，讓它茁壯的善苗。雖然任何事只要放置不理，幼苗就會成長，但正如植物細心照料就能夠長得更好，人生的幼苗也需要某種程度的照顧。

159 及時表達謝意與好意，就能培養與他人的善緣。

例如人際關係的建立。從前剛認識一個人，如果覺得對方「真是一個好人」、「好想再跟他見面，聽他談各種話題」，就會立刻寄一張卡片給對方。現代的話，可能會寄一封電子郵件跟對方打招呼，往後有什麼狀況時若能寄封電子郵件或信件就更好了。無論如何，重點是「立刻反應」。

有關這一點，我聯想到的是日本職棒教練野村克也。他擔任教練的期間我曾經採訪過他，隔天早上便收到他寄來的明信片，寫著「感謝您先前的採訪！」

採訪時我曾聽他提起採訪結束後要前往大阪，因此，這張明信片應該是他在搭乘新幹線時寫的，大概他總是隨身帶著明信片吧！我仍記得當初收到明信片時的感動。

當然，對於已有老交情的人，受到關照時，也有必要表示謝意或給予謝禮，這麼做自然能夠孕育出良好的幼苗。

總之，**度過平安人生的不變原則，就是「趁早摘除禍苗，細心照顧善苗」**。

這麼一來，在你不知不覺之間，就能夠成就大事。

載營魄抱一，能無離乎？
專氣致柔，能嬰兒乎？〈能為第十〉

自無用的欲望脫離，「順其自然」能讓身心處於柔軟的狀態

保持身體健康是重要大事，否則心靈健康就會受到影響。但是，心靈如果不健康，將對身體造成不良影響。應當記住身心一體，維持其中平衡，這才是健康的基本。希望功成名就、希望家財萬貫、希望出人頭地……種種欲望束縛住我們，導致身心因此僵化。讓自己放鬆，身心處於柔軟狀態，卻不因此鬆懈，保持適度的緊張感，反而對身心有益。

老子說：「我們擁有精神與形體，守沖虛之氣而為一，能夠使它們永遠不分離嗎？我們無欲地任運體內的真氣以達到心身的柔和，能夠回到像嬰兒一樣柔軟無欲嗎？」

欲望越多，腦袋也會跟著僵硬

現今全世界都盛行健康風潮。如果身體不健康，不論做什麼都沒有力氣，無法過著愉快的人生，所以注重健康當然是一件好事。

不過，再怎麼注重健康，還是有許多人只偏重身、心其中一面，這是不行的。身心應當表裡一致，身心都平衡才能真正擁有健康。

在身體健康方面，相信各位都知道很多應該注意的要點吧？像是：攝取營養均衡的飲食、不暴飲暴食、維持良好的睡眠品質、適度運動……等。

可惜的是「知易行難」，多數現代人總是過著危害健康的生活。因此我們必須下定決心，危害健康的生活習慣，務必適可而止。

問題在於心靈的健康。不關心這方面的人比想像中來得多，因此才會導致心靈疾病，必須求助身心科治療的人越來越多。

那麼，擾亂心靈健康的究竟是什麼呢？

舉其中一個例子的話，就是受到過多欲望驅使吧？希望出人頭地、希望功成名就、希望家財萬貫、希望在他人面前展現的都是良好的一面……這些欲望嚴重束縛住一個人的身心。

為什麼欲望過多有害健康？那是身心因此僵化的緣故。我們將會變得頑固，腦袋也跟著僵硬，無法有彈性地處理事情，導致發生許多問題而平添煩惱。

老子說：「注意讓自己如同嬰兒般柔軟。」正是點出了這個問題。一說到「注意」，很多人身體反而就會用力，變得更僵硬，一旦僵硬就更無法注意。

我們應該讓自己放鬆，讓身心處於柔軟狀態，卻不因此而鬆懈。任何事都要保持適度的緊張感，太過放鬆去處理的話反而無法順利。

一開始或許會覺得很難做到，實際上並非如此。從無用的欲望中脫離，採取「順其自然」的態度，輕鬆以對即可。

看看小嬰兒吧！他們就算很生氣時，身心都還是柔軟的，那是因為他們沒有欲求。請你也好好學習這一點吧。

古之善為道者，微妙玄通，深不可識。

《第六堂課》

真正堅強的人，力行「謙虛寡言的美德」

老子眼中的「領導者」，謙虛、謹慎、低調、寡言、穩重。
他們的目標不是自我成就的彰顯，而是企業與組織的永續經營，
所以他們退居幕後，為員工打造可以安心大展身手的環境，
在他們的管理下，企業充滿蓬勃活力，堪稱「幸福企業」。

孔德之容，唯道是從。道之為物，唯恍唯惚。〈虛心第二十一〉

真正的領導者總是小心謹慎，冷靜觀察現狀，沉著應對問題

有德之人，總是依循「道」。就算乍看之下心不在焉，捉摸不定的樣子，但那是因為他們的意識總是專注於自己相信的事物。換句話說，所謂大人物，就是看似心不在焉，其實能夠專注精神在專業領域上的人物。

老子說：「有德之人的一舉一動，都以道為準則。道這樣東西，說他是無又似乎有，說它是實又似乎虛，它是恍恍惚惚的，無從捕捉。」

「大人物」乍看之下為何總是「心不在焉」？

過去我曾有過好幾次與世人眼中的「大人物」見面的機會。從這些經驗中，我發現他們有一個共同點——

大人物們乍看之下似乎心不在焉，不知他們究竟在想什麼，然而當問他們問題時，總能一針見血地回答。

那麼，為什麼大人物總是看起來有點心不在焉呢？

其中一個原因是他們的心寬廣而柔軟。你可以說他們的心向著無限宇宙，或是說他們的心超越人間俗世。

我因為從事顧問諮詢工作，過去曾為數千多名顧客提供過諮詢服務。我在他們身上發現一個共同點——

懷抱著煩惱的人，每一個人的想法、內心，甚至連身體都是硬邦邦的。他們只看見眼前

的事物，因此沒有從容發呆的時間。這就是典型的小人物。

為了讓他們從煩惱中脫身，我會向他們提出建議：

「偶爾抬頭看看寬廣的天空，讓心胸更加開闊，然後大叫三次：『活著就是一百分了！』」只要試過一次就會知道，你的內心將湧現一股「哇！」的開放感，那就是「道」與你合而為一的瞬間。

大人物看起來彷彿心不在焉的另外一個理由是，不論工作或是何時何地，他們的腦海中充滿的只是他們自己想做的事、應該做的事。因為他們整天思考的都是這些事，因此從旁人的眼光來看，不免會認為他們「心不在焉」。

那些革新社會或組織的改革家往往如此。

我以前從事的是指導企業變革的工作，「改變公司」說來簡單，但究竟該留下什麼、增加什麼，以及加強哪些部分？強化哪個部分的魅力，都必須從該公司的企業識別（Coperate Identity）加以考量，從一開始的資料蒐集、內容構思到基本概念設計，至少也要花上半年的時間。

由於他們經常在思考該如何改變，所以看起來總是在發呆。

越是專注於變革，在他人眼中看來就越是「心不在焉」，這樣的人才能夠成為大人物。

「難得來到這個世界，何不以成為大人物為目標呢？」

這也是老子無聲的呼籲。

「疑處用心、用心深遠」是成爲大人物的條件

有關大人物的條件，老子在〈顯德第十五〉中也提到：

古之善為道者，微妙玄通，深不可識。夫唯不可識，故強為之容。豫兮若冬涉川，猶兮若畏四鄰。（古來，善於修道的人士，他們都有致精微、寓神妙、體虛玄、通事理的工夫。深遠到使人不易認識。正因為不易認識，所以我們勉強地就外面來加以描寫。他們的態度，謹慎小心，好像在冬天渡河，謹慎戒懼，就好像怕四鄰窺伺一樣。）

一提到優秀的領導者，你想像中的是否是「不論未來遇到什麼困難，總是不畏困難，勇敢前進的人」？

但是，老子所描繪出的領導者卻完全相反，他所描述的，是即使走在冬天結冰的河川上，

仍舊戒慎恐懼避免冰河碎裂，如臨深淵般小心前進的人。

老子並非要我們「當一個膽小鬼」，而是要隨時保持警戒，確認前進的道路上是不是有什麼危險，凡事謹慎用心地處理事物。換句話說，身為領導者就必須負起這樣的責任。因為領導者掌控著組織及附屬組織所有人員的命運，所以一定要慎重再慎重才行。

「沒想到竟然會中了這樣的圈套！」「我那麼信任他，他竟背叛我」……這樣輕率的領導者很快就會帶著組織一起摔落谷底。

關鍵字是「預」和「猶」。面對任何事情，都要再次思考任何可能性，並且迅速做出判斷。

然而，近年來引發問題的「天真的領導者」，則和上述老子形容的領導者完全相反。他們想也不想將來的事就輕易收下金錢，明明是重要的工作卻因思慮輕率而失言，或是遭到心懷不軌的人利用以致走上旁門左道。這樣的人，根本就失去了領導者的資格。

傑出的領導者莫測高深。無法一語道破他的人格。硬要說的話，他們必須多疑而用心，天真且不善於保護自己的人沒有資格成為領導者。

順便一提，老子在文章後半段也提到了領導者必須具備恭謹謙敬、充滿人性的溫暖、敦厚樸實，並且胸懷寬廣如幽谷……等特質。

「穩重有分量」就會帶來信賴與人望

領導者的基本是穩重及冷靜。要是失去了這些基本，人就會輕舉妄動而暴走，也就失去了做為一個領導者的資格。老子在〈重德第二十六〉中提到：

重為輕根，靜為躁君。奈何萬乘之主，而以身輕天下？輕則失根，躁則失君。（修身治事，穩重、清淨最重要，輕浮、急躁最要不得。「重」可以作為「輕」的根本，「靜」可以作為「躁」的主宰。一個萬乘之國的君主，怎麼可以輕浮急躁地來治理天下呢？輕率而為，就會失去你自己的德性，急躁而動，就會失去你無為而治天下的智慧。）

社會經常發生因為領導者的一個錯誤舉動，而破壞一切的狀況。近年來接連不斷的企業醜聞正是如此。

其中，食品安全問題最為頻繁。偽造產地、修改賞味期限或保存期限、違法使用法令禁用的成分……一旦事跡敗露，剛開始還宣稱「錯不在我」，一直等到紙包不住火，遭到各方譴責後才出面道歉，這樣的經營者多不勝數。

像這樣輕易地見風轉舵，或是一再失言的人根本不可理喻。身為一個領導者應該具備的沉穩、冷靜蕩然無存，只讓人覺得輕浮、有失穩重。

這樣的領導者會有什麼下場自不待言。他將失去信用，無論員工或整個社會都將對他不屑一顧。

一個真正的領導者必須冷靜地看清現狀，思考自己的言行舉止會掀起什麼波瀾。其言行舉止是如此重要，責任非常重大。

那麼，我們該如何學習領導者所需的穩重及冷靜呢？平日就應竭盡全力鑽研如何保持穩重及冷靜的方法。**「船到橋頭自然直」的想法絕對行不通。人們在慌張的情況下，一定會露出本性。因此你必須讓本性沉穩才行。**要是覺得自己稍微有些輕浮，或是容易受到周圍影響，必須保持自覺，努力消除壞習慣。不論是現在已經身為領導者的人，或是未來的領導者，這一點都非常重要。

天地不仁，以萬物為芻狗；聖人不仁，以百姓為芻狗。天地之間，其猶橐籥乎！虛而不屈，動而越出，多言數窮，不如守中。〈虛用第五〉

組織中的人際關係不需要「好惡之情」虛懷若谷、沉默寡言的人，才是傑出的領導者

天地並沒有偏私它的愛情，它對世間萬物都一視同仁。只是看著萬物，不會賦予多餘的關注，不說多餘的話。領導者應以天地這樣的無心為範本，虛心坦蕩地對待他的部下。

老子說：「天地是大公無私的，對萬物一視同仁，把萬物當作草紮的狗，沒有喜愛，也沒有憎恨；聖人也是大公無私的，對百姓一視同仁，沒有喜愛，也沒有憎恨。天地的中間，正像冶鐵用的風箱一樣。內部是虛空的，但不是死竭的，當它被鼓動時，風就不斷地產生。由此來看人生，當我們言論越多，政令越繁，也就越會走入窮途，還不如抱守清虛，無為不言來得好。」

人心保持空蕩蕩的狀況，才能發揮他們的實力

你是否潛意識中認為天地間滿懷著愛情。但是老子卻說「天地並沒有對萬物懷著特別的愛情」。萬物對於天地而言就像是祭祀用的草編小狗。

這是什麼意思呢？

以日本文化來說，這裡說的草編小狗，就像是日本新年期間的裝飾物。新年的裝飾物就只有在新年期間受到重視，一旦年後開工，就沒有用處，大家都會毫不留戀地丟掉。

換句話說，天地對於萬物的功用就只是默默觀看。

乍看之下似乎很無情，但這正是天地偉大之處。因為產生愛情的瞬間，就會產生偏心。

假設你受到天地特別關照愛護，而我卻被天地厭惡嫌棄，我應該會感到絕望而活不下去吧？因此，不要懷有多餘的愛情比較好。

這一點和領導者的心態是相同的。

老子是這麼說的：

「對部下懷有好惡而偏心，或是製造派系是不行的。對部下的好惡或派系，對工作而言很重要嗎？這些都是多餘的，部下能夠各盡其職才是最重要的。領導者應當虛懷若谷地對待部

下。」

這麼一來，內心自然不會有任何疙瘩。

「你只要全力以赴做好交辦的工作就夠了，只有你才能夠肯定你自己！」能夠像這樣相信部下自主性的領導者非常了不起。

像這樣的領導者，老子以「風箱」來比喻他們的內心。風箱裡面中空，拉動把手不就能壓出風嗎？要是風箱裡塞滿了物品，風箱就沒用了。

相同的道理，當人心能夠保持空蕩蕩的狀況，才能讓部下發揮他們的實力。

這段文章後面還有一句話。

多言數窮，不如守中。（當我們言論越多，政令越繁，也就越會走入窮途，還不如抱守清虛，無為不言來得好。）

這種情況近年來相當常見。每當看到政治圈或企業界的大人物因為失言風波引起社會譁然，一想到這句話我就忍不住拍手叫絕，「說得一點也沒錯！」

當多數的領導者開始滔滔不絕，通常就代表內心有鬼。為了掩飾所以才說多餘的話，甚

至連不該說的話也在無意中脫口而出，可以說是典型的無能領導者。

虛懷若谷、沉默寡言的人，才是傑出的領導者。

領導者最重要的工作，是讓組織永續成長

關於領導者的條件，老子在〈淳風第十七〉也提到：

悠兮其貴言。功成、事遂，百姓皆謂：我自然。（最上等的國君是每天悠悠閒閒，也不發號施令，人民卻能各順其性、各安其生，得到最大的益處。等到大功完成、大事辦好了，人民卻不曉得這是國君的功勞，反而說：「這是我們自然如此的啊！」）

不需要大張旗鼓地去表現自己是領導者。領導者應該徹底像舞台上的「黑子[6]」般，默默貢獻自己的力量，只要能激發部下的動力，讓員工的向心力自然歸屬於你即可。

領導者最醒目的組織是不行的，〈淳風第十七〉一開頭，說的是：

太上，不知有之。（最上等的國君，用無為的方式處事，推行不言的教化，使人民都能各順其性、各安其生，所以人民僅僅知道有一個國君罷了，並沒有察覺到他做了些什麼。）

最上乘的國君治理天下，使人們不覺得有他的存在。以公司來比喻，從員工角度來看，「我們公司的社長確實很有名的樣子，但是具體上他究竟在做什麼，我完全都不知道。」這樣的社長才是最優秀的。

這是為什麼呢？只要想一想那些特別顯眼的領導者，就能明白。

要是領導者整天自誇自讚：「你們看，我完成這麼了不起的工作喔！」公司將產生一種所有功勞都歸於領導者的氣氛。這麼一來，在他底下工作的人會怎麼想呢？

「我們的主管好厲害！相較之下，我們好像能力很差。」

「我們讓領導者吃盡苦頭，真是太對不起他了……」

當這樣的心情產生時，是不是多少會感到沮喪呢？一旦產生這樣的無力感，部屬將失去動力，無法產生良好的工作成效。

6 文樂中穿著全身黑衣，在舞台上協助演員或裝設道具的幕後人員。

因此，領導者不要讓部下得知你究竟做些什麼比較好，只要你所帶領的每一個人都能認為「我要努力工作，為組織貢獻一份力量」，你無須刻意去彰顯自己，公司績效也能蒸蒸日上。

領導者最重要的工作，就是讓組織永續成長。彰顯自己並不會得到任何好處。

每當我這麼說的時候，總是有人這麼反駁：「就算我明白這個道理，這樣難道不會造成在下位的人自大嗎？」在下位的人自大也沒關係，部下若是相信自己的實力，擁有自信就能持續完成工作。這正好「正中領導者下懷」。

傑出的領導者，總在員工看不到之處拚命工作

老子還對領導者加以分級。

其次，親而譽之；其次，畏之；其次，侮之；信不足焉，有不信焉。（次一等的國君，用德教感化人民，用仁義治理人民，所以人人都畏懼他。最末一等的國君，用權術愚弄人民，用詭計欺騙人民，所以人民都反抗他。這種國君本身就不夠誠信，人民當然不相信他。）

能夠讓部下親近他、讚譽他的領導者，或許你會覺得他很了不起。其實未必。部下總會忍不住拿自己與他相比，因而覺得沮喪，心想「我實在比不上他」，或是因此產生壓力，覺得「沒做到像他那樣實在不行」，這麼一來，將使得部下難以自由地放手去做好他們的工作。

而且，過於嚴格的領導者將使部下退縮，當領導者輕視他的部下，將使組織成員變得懶散。

因此，對於剛成為領導者的人，我總是會提出以下的建議——

「在員工看不到之處，拚命工作吧！努力協助員工做出成效，在他們背後助他們一臂之力，默不作聲地把績效做到最好……總之就是徹底扮演『黑子』的角色。

如果績效因而提升了，只要好好地讚美員工即可。員工若是因此而感到開心，自然就會更樂意為公司效勞。」

更進一步地說，剛成為領導者的最初三年非常重要。

在這段期間，只要股東及社會一般大眾都能產生「那家公司真厲害」的印象，就會對領導者產生信賴感，只要能做到這樣，未來的工作就容易推展。

美國職棒大聯盟中，「神之子」田中將大投手第一年就大顯身手。雖然他因為受傷缺賽多場令人惋惜，但他仍然保持謙遜的態度表示：「能夠有這麼良好的成績，必須感謝所有支持我的人。」從教練到全部隊友，都對他抱有絕對的信賴。

他可以說是領導者的最佳學習範本。相較於「一開始不行，然後漸入佳境」的做法，「一開始就完成良好的績效，讓周遭的人無可挑剔」更重要。

善用人者為之下，是謂不爭之德，是謂用人之力，是謂配天。
〈配天第六十八〉

擅長掌握人心的領導者懂得適時示弱的智慧

身為領導者，只想表現出強勢的一面，用權威逼迫下屬聽從命令，可說是愚蠢至極。與其把精力花在虛張聲勢上，不如表現出謙遜的態度，把心思花在如何讓下屬樂意認真工作，才是領導者應該具備的特質。

老子說：「善於用人的，謙虛待人居人之下。這叫做不和別人爭鬥的德性，也叫做能運用別人的力量。這即是順應天道的自然，也是古代善於修道的人的最高境界。」

真正有實力的領導者，把心思花在如何讓部下樂意認真工作

剛成為領導者的人，特別容易虛張聲勢，抱著「絕對不能讓部下看扁」的心態。這樣的心情並非不能理解，但是對部下而言，沒有任何事比「擺主管架子」更令人厭惡的了。這種做法只會招來周圍的反彈。

真正有實力的領導者，反而不需要刻意表現出領導者的架勢。**與其把精力花在虛張聲勢上，還不如表現出謙遜的態度，把心思花在如何讓部下樂意認真工作，才是領導者應該具備的特質。**因此，他們反而會刻意表現出自己能力不足的一面。

例如在交辦工作時，「今天把這個完成！今天就要做好，知道嗎？今天！」以這種高壓的方式命令，部下內心會產生反彈，心想「怎麼可能？哪有人做得到！」反而無法認真投入。

此時若採取謙遜的態度，「你很擅長處理這類的工作，我遠遠比不上，要是今天能夠完成它就太好了！」這麼一來，部下就會拋開敵對的態度，覺得「真是沒辦法，既然被這麼看重，只好拚一下了。」

以上兩種做法，不用我說，你也看得出哪個領導者的手腕比較巧妙吧？**不僅是主管、部下之間的關係，或是和競爭對手以及其他的人際關係，總之「先表現出謙遜的態度，讓對方**

失去鬥爭的意願，或是讚美對方讓對方產生動力」，是領導者必須具備的「不爭之德」。

沒有戒備的對手，才是最容易戰勝的對手

老子在接下來的一節〈玄用第六十九〉中說道：

吾不敢為主，而為客；吾不敢進寸而退尺。（我不敢主動挑起戰端以兵伐人，只有在不得已的情形下，被動地發兵應戰。在作戰的時候，我不敢逞強爭勝，推進一寸，而寧願不爭謙讓，退後一尺。）

這也是老子風格的反向思維。即使對方看似比自己弱，仍然不能看輕對方，不主動挑戰，而是刻意後退一兩步以掌握主導權的戰術。

對於示弱的對手，還有誰會刻意挑釁呢？

以對方的立場來看，原本打算大張旗鼓拚鬥一番，身為對手的你卻不迎戰，僅表示「嗯，你說的有道理。」對方想要競爭的意志一旦受挫，他也只能放棄，覺得「我真拿你這個人沒辦

法」。如此一來，不就正中你下懷，無須爭奪，事情也能順利進行。

想憑自己的力量來改變對方，原本就是自以為是的想法。先配合對方來避免爭吵，更有助你照自己的想法進行。沒有戒備的對手，才是最容易戰勝的對手。這個道理不僅適用於領導者，應當也適用於所有共通的人際關係吧？

道者，萬物之奧。善人之寶，不善人之所保。〈為道第六十二〉

不受限是非善惡的既有價值觀，只做自己覺得對的事情

分辨世間的是非善惡固然重要，但是世上也有「不善之善」。在一生當中至少能有一次從宇宙的觀點來判斷什麼是善，就能採取讓更多人的性命獲得救贖的行為，即使被這個世界視作不善也無所謂。

老子說：「『道』是萬物之中，最精微最奧妙的東西。善人經常視為修身養命的至寶。就是不善之人，也會依賴『道』，來保障自己。」

每個人的一生中，不妨有一次「不善之善」

誰是好人，誰是壞人，都是從「道」而生，所以是相同的。因此老子說：「即使是不善之人，也沒有捨棄『道』」，說明了「道」接納一切的寬大，是多麼地可貴。

但是這個論點可能導致錯誤的解讀，引發「既然這樣，何必當好人」的輕率思考。

事實並非如此，基本上還是希望我們不去做偏離「道」的行動。

老子在這裡想說的是，**有些事即使世俗觀點認為並非善行，有時就宇宙觀點來看卻是善行**。

各位曾聽過杉原千畝嗎？他是出生於一九〇〇年的日本外交官。

第二次世界大戰期間，他在日本駐立陶宛考那斯（Kaunas）領事館任職，當時他從人道觀點考量，違反外務省訓令，發給遭到納粹迫害而從波蘭及歐洲逃亡的猶太人過境簽證，因而拯救了超過六千人。

表面上看，杉原千畝的行為違反當時的訓令並非善行。

然而，他所採取的這個「不善」之舉，現今在國外甚至於有人為他建造銅像，尊崇他是一個了不起的人物。

我們不妨解讀成：每個人的一生中，不妨有一次像這樣並非善行，甚至是跨越法律界限的行為。

或許你會認為如此偉大的義舉，和自己無關，但領導者其實被賦予了這類超越法條措施的權力。

相信你也無法斷言，自己的人生中永遠都不會有「現在正是派上用場的時刻！」來臨。

雖然這樣的事在生命中有可能會發生，也有可能不會發生，但能夠在時機到來時，果決地不受社會框架限制，做自己深信正確的事，也是領導者的資質。

只要把它想成是「一生只能行使一次的權利」，或許就會鼓起勇氣吧！

小國寡民，使有什伯之器而不用，使民重死而不遠徙，雖有舟輿，無所乘之；雖有甲兵，無所陳之。〈獨立第八十〉

永續經營企業的條件：絕對優勢的競爭力和員工幸福優先的精神

領導者光是讓組織壯大並不代表他有能力，反而組織規模小一點較好，也不需要仰賴文明的利器，最重要的是協助每個員工都能滿足現狀，過著更好的人生。

老子說：「理想的國家是：國土很小，人民很少。沒有衝突紛爭，縱使有各種武器也不運用；沒有苛刑暴政，人民不須冒著生命的危險還移到遠方。雖有船隻車輛，也沒有機會乘坐；雖有鎧甲兵器，也沒有機會陳列。」

理想企業不以擴大組織規模為目標

老子描述的理想國家，若是從管理組織的立場來看，就能發現其中蘊含著深奧的意義。

首先是老子勸戒：「不要想著擴大組織規模！」因為一旦以擴大組織為目標，必然會產生爭奪。

不過，他並非說不做任何事，一味地避免爭奪。而是必須創造出一個不需要爭奪的環境。以國家來說，就是「具備自給自足的環境」。這麼一來，和其他國家的往來就不是絕對必要，不需要船也不需要車，因為不會發生爭奪穀物的紛爭，武器也就派不上用場。不需要藉助文明利器，人們仍然可以過著平安無事的人生。

如果把這個道理運用在企業上，「**自給自足**」**就是擁有其他公司無法跟進、無法模仿的商品或服務**。

不需要船或車等文明利器，以現代社會的角度來詮釋就是——

「連到鄰近的地方也使用汽車代步，就會使得腰腿變弱，多使用雙腳走路，身體不是更健康嗎？

另外，也要思考是否過度依賴手機或網路。這麼一來會剝奪員工的自由，把他們逼到窮途末路。和機械一起共事，無法培養溝通能力，即使塞了龐大的資訊，員工也只會變得光說不練，無法藉由靈活的想法產生創意。

這樣的組織是不行的，把組織帶往這樣方向的人，沒有擔任領導者的資格。」

接續這段文章之後，老子如此形容生活在理想國家的人民：

使人復結繩而用之，甘其食、美其服、安其居、樂其俗，鄰國相望，雞犬之聲相聞，民至老死不相往來。（使人民回復到古代用結繩來記事。人人恬淡寡欲，吃的雖是粗食，但覺得很甘美；穿的雖然是破衣，但覺得很漂亮；住的雖然是陋室，但覺得很安適；風俗雖然很簡樸，但覺得很快樂。和鄰國之間彼此都可以看得到，雞鳴狗叫的聲音彼此也可以聽得著，但人民從生到死，也不相往來。）

這段話是說，人民的心若是能夠緊緊相繫，每個人都能豐衣足食，生活和諧、安居樂業。因此不需要在意鄰國，自己的國家是最好的，直到老死都能生活在幸福中。

企業也是相同的，領導者若能創造一個理想的環境——能夠生產業界唯一的商品或服務，以員工的幸福為優先考量，組織及員工就能在團結一心的良好狀況下永續經營。

上善若水。

【第七堂課】

真正堅強的人，謹記「強者，不以示弱為恥的道理」

老子教我們向水學習：水是世間最柔弱的，卻無堅不摧。
強者，不以表現自己的軟弱為恥。
柔軟的身段、思考、態度，往往能造就一個人真正的強韌。
一流的大人物，擅長配合他人、傾聽他人，
無論對方是什麼樣的人，都能從中汲取滋養自身的養分。

天長地久，天地所以長且久者，以其不自生，故能長生。〈韜光第七〉

比懷抱願望更重要的是，專心努力的過程

懷抱願望不是壞事，但過度執著於願望，因為結果而患得患失，反而給自己平添許多煩惱。此時，把願望拋到一邊，聽天由命說不定比較好。不抱著任何奢求，專心一意地努力，這麼一來，不須刻意追求，老天爺也會指引你一個正確的方向。

老子說：「天地綿延長久。天地之所以能夠綿延長久，是因為天地不以它們自己的存在為存在，不以自己的生命為生命，所以它們能生生不息。」

盡人事後，就將一切交給天命吧！

你是否還記得二〇〇七年美國職棒大聯盟的明星賽，鈴木一朗因為刷新明星賽的全壘打紀錄，獲得MVP殊榮的那場比賽？

在這場比賽幾天前，他的腳扭傷，連能否出場都是未知。然而他還擊出了必須跑最遠距離的全壘打，更是令人驚訝。賽後記者問他：「沒想到你這麼能跑！」當時鈴木一朗是這麼回答的：

「不，我並沒有自己跑完的真實感，雖然我能確實感受到自己跑到二壘，但從二壘跑回本壘時，我只是自然地把腳步邁出，就像是飛在半空中般，不知不覺間已經跑回了本壘。」

這是老天爺在幫忙啊！當時我不禁這麼想。

鈴木一朗當時應該沒有「我想擊出全壘打」的想法，他只是忘了腳傷，專心一意地跑向壘包，想必他的心情應該是「接下來就交給老天了！」

另外，以近年的例子來說，第二十二屆冬季索契（Sochi）奧林匹克運動會中，在踏台滑雪項目奪得銀牌的葛西紀明選手，他也曾經表示「幾乎像是飛起的感覺」。他應當也是專心一意地持續努力，以「剩下就交給老天爺」的心情面對比賽吧！

老子在這段話說的就是這麼回事。換個說法，就是「盡人事聽天命」。

生命也是相同的，誰都希望「身體健康長命百歲」，但是成天只想著這件事，最後反而招來反效果的情況可說是不勝枚舉。比方說服用過多健康補給品、運動過度，或是休息過度，都反而會縮短壽命。

我不久前身體狀況也是不佳，一心想要治療所以採取針灸治療，不知是否做過頭了？身體非但沒有治好，反而還惡化了。我因而死心，心想「沒辦法，就算躺著也可以工作，乾脆躺著講課好了」，想不到後來反而漸漸恢復活力。

把願望拋到一邊，聽天由命說不定比較好。

抱著願望並非一件壞事，但是比懷抱願望更重要的，是不去在意結果專心努力的過程，其他的就交給老天爺。

老子在〈居位第六十〉中，曾經這麼說：

治大國，若烹小鮮。（烹煮小魚，不能常常翻動，翻動太多，小魚就破碎了。治理大國，和烹煮小魚一樣，要清靜無為，不能政令繁苛，政令太過繁苛，人民不堪其擾，國家就混亂了。）

這句話是說：治理大國就像烹煮小魚一樣。這是什麼意思呢？

烹調小魚時，如果頻頻去戳刺或翻面，就會把魚煮爛。不須如此多事，讓小魚靜靜烹煮，才是讓小魚美味的要訣。

人生也是相同的。適度地聽天由命是最好的。避免任何事都過度，偶爾不妨自我提醒：「煮魚、煮魚」吧！

道常無為而無不為。〈為政第三十七〉

相信宇宙力量並心懷感謝，就能磨練直覺並開發潛能

宇宙具有導正萬事萬物，讓一切歸於平靜的力量。這就是「道」持續發送的能量。當你感受到宇宙的力量，就能憑直覺察覺未來將會發生什麼，以及事物將會如何運作。只要借助宇宙的力量，任何事都可能水到渠成。

老子說：「道體順應自然，不造不設，好像是無所作為；但是萬物都由道而生，恃道而長，事實上是無所不為。」

人類並未具備與大自然抗衡的力量，我們不能過度信賴自己的能力

「任何事都在宇宙中發生。身處困難的漩渦，即使不設法去改變什麼，總有一天仍會回歸到平靜無波。」這是我的口頭禪。

宇宙具有導正萬事萬物，讓一切歸於平靜的力量。我相信宇宙的力量就是這麼偉大。這裡說的「宇宙力量」，指的就是「道」持續發送的能量。

宇宙的力量遠遠超出人類的技術、理論和道理，這一點每個人都清楚。

前幾年的日本三一一大地震，人類所建造的防波堤，不就在巨大的海嘯席捲之下，完全毀於一旦嗎？人類並未具備與大自然抗衡的力量。因此，我們不能過度信賴自己的能力。

首先，我們必須認清這一點。〈養德第五十一〉中，有段話是這麼說的：

道生之，德蓄之，物形之，勢成之。是以萬物莫不遵道而貴德。（道創生萬物，德畜養萬物，萬物表現各種形體，形勢使萬物長成。道和德是萬物生成的根本，所以萬物沒有不敬道貴德的。）

將這段話超譯，意思就是「即使成就了某件事，也不可因此心生傲慢。因為這一切都是多虧於宇宙的力量（道）持續發散的能量才能成就。我們應該察覺『道』的存在，並且心懷感謝不是嗎？」

就像「臨時抱佛腳」這句諺語，我們在潛意識中仍會感到「道」的存在，請各位平時務必去感受道的作用。

無論成就了任何事，我們必須知道這是來自於「道」的協助。

借助宇宙的力量，任何事都能水到渠成

然而，相信道的作用不是意指人類無能為力。事實並非如此，正如前面所說，我們能夠運用宇宙的力量。

因此，我們首先必須去感覺宇宙的力量。

我年輕時，曾和執行過阿波羅九號任務的太空人拉塞爾・施威卡特（Russell Schweickart）會面過。他告訴我：「待在太空時，我感受到如神明般偉大的存在，心中充滿了安心感，猶如神明在一旁守護自己那樣。」我也聽說過許多太空人待在太空時，會感受到和他相同的神祕力量。

量。

那應該就是宇宙的力量吧！不過，並不是非要搭上火箭來一趟太空旅行才能感受到這股力量。

我個人在閱讀老莊思想的過程中，就自然而然地感受到「這個世界有一股守護自己的宇宙力量，而會去破壞這股力量的也唯有自己。」

各位若是有一天陷入危機，不妨試著不去盤算：「該採取這個方法，還是使用那個手段比較好？」而是專注去看看現實。放鬆心情，懷抱適度的緊張感，直視現實的狀況，不久後你就能感受到宇宙的力量。

當你感受到宇宙的力量，就能憑直覺察覺未來將會發生什麼，以及事物將會如何運作。然後遵從直覺行動即可，只要借助宇宙的力量，任何事都能水到渠成。

培養直覺力，就能開發新的潛能

不過，現今時代不像過去那樣與大自然共存，現代人的直覺變得越來越遲鈍。務必設法取回這股力量才行。

有一個方法能夠訓練直覺，就是重複「先假設，後確認」的過程。當你察覺到某個現象後，先假設「接下來會不會是這個樣子」，再觀察事情的發展是否符合你的假設。若正如你的預期，代表你的直覺對了；若沒有發生，也請回想一下當初的預兆是什麼狀況。

三個月持續這麼做的話，就能磨練出相當程度的直覺。之後不須再一一成立假設，就能憑直覺預測今後可能會發生什麼事。

培養出直覺力的話，就能開發過去的你不具備的能力。世界各國的名人或專家，都是以這樣的方式磨練直覺。因此，他們能借助宇宙的力量，締造堪稱神乎其技的成就。

日本人自古以來就有崇敬自然的習慣，因而全國有數不清的神社。家裡更是四處貼有從神社求來的平安符，每天早上對著神龕合十祝禱。即使現代人敬神的習慣比不上過去，依然是和神明同生共存。

就這個意義而言，可以說日本人原本就擅長感知宇宙的力量，想要培養直覺力，應當不是件困難的一件事。

上善若水，水善利萬物而不爭，處眾人之所惡，故幾於道。〈易性第八〉

向「水」學習最上乘的溝通術：傾聽是最棒的對話技巧

就如河川的水潺潺流過山岩時也會吸收養分般，人們也應該在與他人相處時，盡所能地汲取一切養分。另外，就如水會流向低窪汙水處般，人們不應該總是想著高高在上，自以為優越。而應該常保謙虛的心態，就像「道」一樣。

老子說：「有道德的人就像水一樣。水有三種特性，第一是能夠滋養萬物，第二是本性柔弱，順應自然而不爭，第三是蓄居流注於人人厭惡的卑下地方。因為具備這三大特性，所以水是很接近道的。」

不斷提問，讓對方樂於對你說話

山泉水含有豐富的礦物質，而且飲用起來很美味吧。這是因為山泉水流經山岩時同時吸收了微量的礦物質。

以人類來說，就像是與許多人邂逅，彼此交流。不論對方是什麼樣的人，都一定有值得學習的地方。若能夠這麼想，就能不論好壞全都加以學習或引以為鑑，成為自己成長的養分。

相反的，因為討厭對方就保持距離會怎麼樣呢？你不就無法從對方身上學習了嗎？這樣一來只會限縮自己的格局。

與人相處最重要的技巧就是——傾聽。只顧著自己想說的事，能從對方身上學習到的事物就很有限。

最好的做法是不斷主動提問，讓對方樂意對你說話。這麼一來，就能聽到許多不同的內容，和對方的距離也能縮短。

我們永遠無法得知所邂逅的人當中，哪一個人將成為自己的貴人。為了避免限縮其中的可能性，最好重視與他人的交流。

另外，水總是由高處往低處流不是嗎？即使流到盡頭的谷底是充滿腐葉、蟲蠅滿布的汙濁場所，水依然滯留在谷底。

以人類社會來說，這樣的谷底正是資訊最集中的場所。

換句話說，**對任何人都能保持謙虛的態度，不會開口閉口都是「我」的人，才能收集到重要的資訊**。老是高高在上，一副自以為是的人，誰會想對他透露有利的資訊呢？

配合對方，成為擅長聆聽的人

關於水的比喻，老子在〈徧用第四十三〉則是這麼說的。

天下之至柔，馳騁天下之至堅。無有入無間。（天下最柔軟的東西，可以駕馭天下最堅強的東西。沒有形質的東西，才能穿透沒有縫隙的銅牆鐵壁。）

這段文章中說明兩個意義。

一是如同「滴水穿石」這句話，一滴水構成不了威脅，但是日積月累重複用力在相同的地方，歷經長久的歲月必定能夠產生連石頭也穿透的力量。

真正強勁的，不是堅硬的石頭，而是水。

另一個意義則是說明：水沒有形體，無論什麼地方都能進入的柔軟性。

的確，水不論什麼樣的容器都可以進入，這是因為水並沒有要求容器配合自己的形體，而是配合對方改變自己的形體。

如同先前說的與人相處的技巧，這段話要強調的仍是「配合對方，成為擅長聆聽的人」的重要性。

水的精神，也就是有效運用他人具備的知識及技巧，透過與他人之間的交流，問出各種內容後，謙虛地致謝：「今天真是謝謝你，使我獲益良多。」

只要能夠這麼做，就會有許多人樂意提供你資訊，自己也能因而提升實力，讓豐富的資訊成為工作上創意的源頭。

致虛極，守靜篤。萬物並作，吾以觀復。夫物芸芸，各復歸其根。〈歸根第十六〉

遇到難題時更應聚焦問題本質，簡單思考，問題就能迎刃而解

人生中會發生許多問題。在這樣的時刻，追逐事物的枝微末節，或是動不動就被周遭的言行影響，一點也解決不了問題。我們應當回到根本，重新檢視真正重要的事物。

老子說：「人的心靈本來是虛明寧靜的，但往往為私欲所蒙蔽，因而觀物不得其正，行事則失其常。所以我們要盡力地使它回復到虛明寧靜的狀態。這樣萬物的生長、活動，我們就能看出他們由無到有，再由有返回到無，循環反覆的情形。萬物雖然繁雜眾多，最後總要回復到他們的根源。」

遇到困難時，你應該問自己的六個問題

如果是能夠立即處理的問題，應當沒有任何需要煩惱的，但是束手無策的難題，令你只能抱頭苦思。

而且，想到的任何一個對策似乎都缺乏決勝點，此時周遭意見若是分歧，更令你無所適從。

這樣的時刻，更應該暫時從問題中抽身，讓腦袋放空，心思沉靜下來。

然後重新檢視問題發生的根本。

那麼，什麼是根本呢？通常問題可以大略分為六大項目，以下逐項說明每個項目的根本，即「什麼才是最重要的？」

一、**「人是什麼？是生物。」**

想想看這是不是和性命有關的問題。如果有失去性命的憂慮，保住性命就是應該採取的最優先行動，若是沒有失去性命的顧慮，大可以放下心，告訴自己「反正又不會死」，先從能夠著手的部分進行。

二、「人生是什麼？是享樂。」

排除無法樂在其中的因素。例如遇到並非發自內心想做的事情，不妨就放棄。如果認為「苦也是樂的一部分」，那就是應該去做的事。只須這樣判斷即可。

三、「家人是什麼？是心情的寄託。」

想想看會不會讓家人傷心？經常聽到有人說「為了家人拚命工作」，但這真的是家人所企盼的嗎？說不定你的家人認為「不需要賺那麼多錢也沒有關係，我們更擔心的是你的健康」。有必要從這樣的觀點重新檢視一次。

四、「家庭是什麼？是社會的訓練場。」

排除無法教養小孩的要素。不要過度溺愛，或是過度嚴苛。能否確實教養小孩是最大的關鍵。

五、「工作是什麼？是達成天命。」

了解什麼是自己的天命，遵從天命去採取行動。這部分不需要想得太過艱難。例如鼓勵他人，讓周圍的人開朗起來也是很了不起的天命。

六、「公司是什麼？是透過工作產生價值的舞台。」

公司就像是種植稻米的田畝，田畝不可能自動長出米給人吃，同樣的，公司也不可能一味供給資源及發乾薪，而是你必須提供產能的場所。所以回歸根本，你就能認清不該一味向公司要求，而是自己應該做什麼。

像這樣，當你感到煩惱或無所適從時，重新回顧問題根本所在，更單純地思考，往往就能解決大多數的煩惱及疑惑。

絕學無憂，唯之與阿，相去幾何？善之與惡，相去若何？人之所畏，不可不畏。荒兮其未央哉。〈異俗第二十〉

孤獨不是壞事，偶爾獨處，有助活出自己的人生

總是讓自己置身於熙來攘往的人群，迎合世間的話，你將處處受拘束。偶爾不妨忘記一切，享受獨處的時光。

老子說：「學問知識是憂愁煩惱的根源，棄絕一切學問知識，就不會有憂愁煩惱。世人都趨榮而避辱，取善而去惡，但榮和辱究竟相差多少？善和惡到底又相差多少？不過我也不能特立獨行，顯露鋒芒。大家畏懼的，我也不能不畏懼。然而大道是那樣的廣大而沒有窮盡，和世俗相差太遠了！」

不要老是想著迎合周遭的人

我二十五歲時因為電影的工作，在泰國曼谷的拍片現場，被兩頭水牛襲擊，因此面臨了一腳踏入鬼門關的經驗。

外景拍攝工作仍得繼續，也不可能把父母從日本叫來照顧我，因此照顧我的，就只有當地的醫師及護士。

家人或親友中可以倚靠的人都不在身邊，我才體會到「絕對的孤獨」。雖然是一次很慘痛的經驗，但回首過往，仍有一個受益匪淺的體會，那就是「人類獨自一人來到世上，也將獨自一人死去。」

我衷心體認到這是千真萬確的事實。因此我不再認為必須迎合社會或周遭的人去拚命做什麼。

換句話說，我決心重視自己的想法、感覺、個性，活出自己的人生。

老子這篇〈異俗第二十〉說的，不也是這樣的道理嗎？

在這段文章後半段，「我獨」這個詞句重複出現了六次。從字面上看來，或許會認為這個詞句說的是「只有我和多數的人都不一樣」，孤獨使人心情黯然，覺得自己和人群格格不入，或是頑固不知變通，有種自我嘲諷的感覺。

但我從這段文章中接收到的訊息則是「學習堅強地面對孤獨」。「不要老是想著如何迎合周圍的人，偶爾抬頭看看浩瀚的天空，告訴自己『在浩瀚無垠的宇宙中，一個人活下去吧！』不也很好嗎？這麼想的話，能讓你心中的陰霾一掃而空！」

我似乎聽到老子這麼說——

各位不妨把孤獨視作某種訓練，獨自一人時，試著讓心徜徉於宇宙間。

白天抬頭看看藍天；夜晚則仰望星空。對自己這麼說：

「我是否總是隱藏真正的自己，顧忌著旁人活著？不要在意別人的目光，也不要在意他人的想法，自由自在地活下去吧！」

另外，一個人出去賞花也不錯，不須在意四處的櫻花樹下飲酒喧譁的眾人，一個人靜靜地賞櫻，也是件很好的事。我常在口袋裡放一小瓶蘇格蘭威士忌，一個人瀟灑地坐下來賞花。比起一堆人聚在一起吵吵鬧鬧，這麼做更能感受到櫻花之美。請你也務必試試看。

曲則全，枉則直，窪則盈，敝則新，少則得，多則惑。是以聖人抱一為天下式。〈益謙第二十二〉

不被期待就沒有壓力，反而能自由自在地做喜歡的事

受到社會重大期待的優秀人才，因為必須符合期待而努力，容易有壓力，因此感到疲憊。所以，不被期待比較好，反而能夠自由自由地成長，長命百歲吧！

老子說：「一切事物，不能只看表面，還要看裡面；不能只看正面，還要看反面。所以委屈的反而可以保全，彎曲的反而可以伸直，低下的反而可以盈滿，破舊的反而能夠更新，少取的反而可以多得，多求則迷惑。所以聖人懷抱沖虛之氣為一體，作為天下萬物的準則。」

不須想著克服缺點，應該強化你的特質

老子經常提出推翻常理的言論。

「彎彎曲曲的樹木無法作為木材使用，所以不會遭到砍伐而能夠成長茁壯。」

「尺蠖蛾讓身體彎彎曲曲的，才能筆直前進。」

「低窪地雖然被認為汙濁，卻滿盈豐富的礦物質及水。」

「舊的不去新的不來，樹木也要經過老朽才能發出新芽。」

「少的話能夠確實有獲得，多的話反而迷惑無所適從。」

他認為社會上一般認定「好的」價值觀其實是不行的，一般認為「不好」的價值觀反而值得欣喜。可以說是「反向思考」。

這麼一想，就會覺得無論處在任何情境，都未必是壞事，有時甚至是件好事。

例如多數人都會希望「受到社會或公司的期待，成為優秀人才」，但實際上又如何呢？

「啊，他可以派得上用場！」因為大家都抱著同樣想法，結果搞得那個人筋疲力盡。或是因為受到期待而形成壓力，覺得喘不過氣來，只會縮短壽命。

既然這樣，不被期待反而比較好，能夠自由自在去做喜歡的事。因為沒有壓力，所以能夠常保身心健康，長命百歲的機會自然比較高。所以，究竟受到期待好還是不被期待好呢？

我想起江戶時代後期的禪僧良寬。他以詩人、歌人、書法家而聞名。

良寬出生於越後國出雲崎（新瀉縣）名主的家庭。在眾人眼中，他是個個性遲鈍、反應慢，而且沒志氣的人。雖然是長男，卻難以繼承家業。

在這樣的狀況下，他出家到岡山的圓通寺修行十二年。

然而，修行期間他也未必順利，老是帶給其他僧侶麻煩。「因為在俗世間派不上用場，所以才來這裡修行看看，沒想到來這裡也被認為不行。」良寬簡直快要沒有退路了。

後來他好不容易得到禪僧的畢業證書「印可偈」，接著展開全國各地的旅程。之後十年當中他的事跡未明，但依據佛教書籍記載，他似乎認真研讀了《莊子》等老莊思想書籍。

結果，良寬最後得到的結論是「遲鈍有什麼關係、反應慢也無所謂、沒志氣是最好的」。大概就是受到老莊思想的影響吧？

事實上，正因為良寬把一般視作缺點的遲鈍、反應慢、沒志氣等特質更加強化，反而成為對世人充滿溫情的人物。

良寬至今仍是許多日本人喜愛的人物，其實就是他把自己的缺點發揚光大的結果。

說不定良寬也是聽見老子對他說：「不需要想著如何克服缺點，反而應該強化你的缺點。」

看完良寬的故事，你對於自己原本覺得自卑的缺點，是否也改變了看法呢？

被當作傻瓜的愚直之人，才是真正的大人物

另外，在〈同異第四十一〉也有相關的內容——

上士聞道，勤而行之；中士聞道，若存若亡；下士聞道，大笑之，不笑不足以為道。（第一等的人聽到了「道」，曉得道偉大而真實，所以努力不懈地從實踐中去體驗。中等的人聽到了「道」，由於識見不足，認道不清，所以覺得道似有似無、似真似假；下等的人聽到了「道」，由於識見淺薄，根本不曉得道是什麼，所以便大笑起來，以為荒唐不經，一派胡言。其實，「道」如果不為他們所笑，反而顯不出它的深不可識了。）

相信「道」而生存的人為最上；半信半疑的人則是普通；一開始就不相信並且訕笑的則為下等。

老子同時以他獨特的嘲諷方式說：「如果沒有遭到無聊的人訕笑，『道』就沒有價值了。」

將這句話加以超譯，就是說：「**被人當作傻瓜的愚直之人才是真正的大人物。**」

最後，他以這句話下了結論：

大方無隅，大器晚成，大音希聲，大象無形。（最大的方形沒有稜角，最大的器皿需要時間的磨練，精雕細琢而成。最大的音籟乃自然之聲，是人間不易聽到的。最大的形象，乃天道的作用，不留有形的痕跡。）

大家耳熟能詳的「大器晚成」就是出自這個典故。許多大人物年輕時也曾因個性純樸，遭到他人的訕笑，但他們堅守自己的信念，默默努力不懈，最終活出屬於他們的精彩。

故失道而後德，失德而後仁，失仁而後義，失義而後禮。〈論德第三十八〉

不管交談的對象是誰，都要主動配合對方，一視同仁

與人相處時，必須因應對方的程度，以及對方的心情來說話。以這個原則一視同仁地與他人接觸，才能拓展你自身的人格。

老子說：「當人們不能生活在『道』中時，便推崇德。可是當他們不能處上德，而流為下德，便提倡仁德，希望返於上德。可是當他們連仁德也把握不住，只好大聲疾呼地用『義』來規範人心。然而當『義』也失去力量時，便只有設立『禮』制，去約束人們的行為了。」

一流的大人物，都很擅長配合對方交談

遵從「道」的話，自然不須刻意呼籲世人要去實踐德、仁、義、禮。——老子這句話，直譯後就是這個意思。在此，我們也可把它解讀成與人相處的原則。

重要的是「態度不變」。不能因為對方的身分地位就改變態度。要是隨著對方的身價高低而改變態度，人際關係成了利害關係，人與人之間就無法產生心靈之間的交流了。

更重要的是：與人交談必須配合對方的知識、人格、價值觀、感情。

時常聽到有人說：「講給像你們這樣的傻瓜聽，也只是對牛彈琴。」或是相反的，採取卑下的態度，說「我這麼笨，怎麼可能了解你在說什麼。」這些都是不對的。

重要的不是對方的水準比自己高或低……而是要丟掉孰高孰低的比較心，當你認為對方大概是什麼樣的人，主動配合對方與之交談即可。也就是說，接納各式各樣的人非常重要。

我所認識的一流人物，他們都很擅長配合對方交談。即使他們一時不慎，差點說出「我很厲害哦」，也不會強迫比他們下位的人來配合他們。

不論是面對年輕的員工，或是承包的對象，他們都能主動配合對方，傾聽對方，這就是他們開闊的胸襟。

尤其是當國際化浪潮來襲的今後，來往對象未必只有本國人，而是言語、習慣、國情、成長環境都迥然不同的人。因此，若仍抱著「我和你水準不同，無法交談」的心態，將無法交流。

某家大企業的員工半數是外國人，於是有人說：「接下來有回教徒會進公司，為了配合他們，公司非得設置禮拜堂不可，還真是麻煩。」聽到這件事，令我再次體會：「今後更加需要的是配合對方的能力。」

應該注意的是「**與人相處的每一瞬間，彼此都能吸收對方的優點，度過有意義的時間，絕對不要發生彼此無法對話，白白浪費時間的狀況。**」

能夠虛心與任何人對話的人，並非因為他「缺乏自我」，反而是因為他擁有不被任何人事物動搖的堅固自我與信念，所以才能做到這一點。

民不畏威，則大威至。無狎其所居，無厭其所生。夫唯不厭，是以不厭。
〈愛己第七十二〉

別讓世間價值觀限縮你的格局格局，決定你的結局

「真討厭我的房子這麼小，好想住在更大更豪華的房子……」這樣想的人，格局還真是小的可憐。拿自己和世間價值觀比較，只會限縮自己的格局。我們以天地為家，與大自然為鄰，這不已經是很了不得的財產嗎？

老子說：「治國者用苛政暴刑威迫人民，人民如果不怕這種威迫，必定反抗作亂，那麼更大的威迫就要降臨到治國者的身上了。所以治國者不要脅迫人民的生存，不要壓榨人民的生活。正因為執政者不壓榨人民，不脅迫人民，人民才不厭棄他而推戴他。」

老是與他人相比，只會侷限你的人生

「民不畏威，則大威至。無狹其所居，無厭其所生。夫唯不厭，是以不厭。」在這段文章中，老子直接點明「為政者不該壓迫人民」。進一步來說，把反對意見的人關在狹小的牢房，只會使人民更加反彈，最終將演變成為政者遭到人民推翻的狀況。

換成現代社會來說，成天抱怨「為什麼只能住在這麼狹小擁擠的房子」是不行的，因為被「住大房子才好」的想法侷限，所以每天才會充滿怨言及不滿。

如果老子聽到，他大概會這麼說——

「現在你居住的地方，只不過是暫時借住的房子，不如擴大視野，以『天地為家』如何？當你改變想法的瞬間，廣闊天空中浮著的雲彩、太陽的光輝、月圓月缺、綻放的花朵、伸展的草木、翩翩飛舞的蝴蝶……這些自然界的一切，不都是你的財產嗎？

請你放大格局來看自己生活的地方，人的器量就會更廣闊。」

老實說，我個人也屬於小家子氣那類型的，常常顧慮這個擔心那個，以致夜裡翻來覆去地難以成眠，為了克服這個毛病，所以我在寢室天花板貼了一張紙，寫著「被窩裡有法律豁免權」。

結果隔壁的老婆反而睡得比我更安穩，我只能苦笑：「沒想到這句話對老婆更有效。」

總之，各位白天或許會遇到許多不愉快的事，但至少在夜晚睡覺時，不妨帶著被宇宙擁抱的心情入睡吧。

信言不美，美言不信；善者不辯，辯者不善；知者不博，博者不知。〈顯質第八十一〉

不要受表象束縛，看清事物本質，自然無為地活下去吧！

真正對你有幫助的，不是讚美的言詞，而是嚴厲的話語；你真正的貴人，不是寵溺你的人，而是對你嚴格的人；真正對你有用的，不是成功，而是失敗的經驗。不要被表面的現象所迷惑，請好好看清本質。

老子說：「真實的話不好聽，好聽的話不真實。有德的人透過行為來表現他的德，不需要用言語來辯解；用言語來辯解的人，不是有德的人。有真知的人，不必什麼都懂；什麼都懂的人，並不一定有真知。」

你眼前所見的不一定是真的！

本書最後就以《老子》最後一章做結束吧。

這段話也可以說是老子的精髓，確切道出「掌握事物本質」的重要性。

尤其文章前半段，指出言語及知識的危險性。

「不要被甜言蜜語蠱惑了！」

「不要被裝模作樣故意炫耀的知識唬住了！」

前面一再說過的道理，我想沒有再次解說的必要，只想請各位務必牢記。

人在受到讚美時雀躍不已，對於有學問的人所說的話容易囫圇吞棗，但是，其中往往欠缺真正的本質。

越是被讚美、受到逢迎拍馬，人就越容易自滿，在心情愉悅之際，成長就跟著停滯了。

因此，即使批評多少有點嚴厲，能夠對我們嚴格的人才更值得珍惜不是嗎？

「看清本質」就是這麼一回事。不可以因為表象而高興得暈頭轉向。

同樣的，失敗經驗也是成長不可或缺的養分。

另外，這段文章的後半段，則是這麼說的——

聖人不積，既以為人己越有，既以與人己越多。天之道，利而不害；聖人之道，為而不爭。（聖人沒有私心，什麼都無所保留，盡全力幫助別人，自己反而更充足；傾其所有給予別人，自己反而更富有。天道無私，只有利於萬物，而不會對萬物造成傷害。聖人順天道而行，只是貢獻施予，而不和人家爭奪。）

一言以蔽之，就是「不要囤積物品，將一切給予他人」。

以錢來說，留在身邊不流通也只會造成經濟惡化不是嗎？

人的行為也是相同的，一個人不可能獨佔所有利益。即使暫時可以獲得龐大利益，也會因為招來周圍的嫉妒，受到孤立，到頭來根本沒有任何好處。

重要的是將自己的所有與他人分享，換句話說，就是為他人竭盡自己的最善。

如此有德的人才能得到周圍人的親近、信賴，最後自己將能更加富足。

以「道」的樣子，作為自己生存應有的樣子。不要受表面的現象束縛，看清事物的本質，自然無為地活下去吧！相信這麼一來，你必能展開未來愉快的人生。